Genehmigte Lizenzausgabe 1996
für Seehamer Verlag GmbH, Weyarn
© Verlag Zabert Sandmann GmbH, München
Konzept: Arnold Zabert
Redaktion: Ulrich Irsinghausen, Marietta Tannert
Kochstudio: Klaus-Peter David
Grafische Gestaltung: Aydin Yalcin, Hartwig Kloevekorn
Rezept-Fotografie: Walter Cimbal, Jörn Rynio, Christiane Pries
Doppelseiten-Fotografie: Hans Hansen
Umschlaggestaltung: Bine Cordes, Weyarn
Umschlagfoto: Foodbildagentur Eising AG
Printed in Germany
ISBN 3-929626-60-8

KOCHEN
Leichte Küche

**Köstliche Rezepte, lecker
und gesund
Alle Arbeitsschritte
im Bild**

*Rezepte von
Albert Bouley*

Inhalt

Warum die Leichte Küche so gesund ist

Keine Liebe ist aufrichtiger als die zum Essen. Die Ernährung erfüllt ja auch das Grundbedürfnis des Menschen überhaupt. Essen dient aber nicht nur der physischen Bedarfsdeckung. Es muß uns in geeigneter Menge und Kombination die Substanzen liefern, die wir zum Leben benötigen. Und es soll uns die Vergnügen bringen, die das Leben zum Genuß werden lassen. Was zusammen dann unsere Liebe erklärt. Frisch, vielseitig und leicht — diesen Anspruch stellen bewußte Genießer und Ernährungswissenschaftler gleichermaßen an eine gesunde und schmackhafte Küche. Kreative Abwechslung und das richtige Maß sind gefragt, Vollwertigkeit und Bedarfsanpassung. Die Leichte Küche ist die Ernährungsform, die diesen individuellen Bedürfnissen zu entsprechen versucht. Sie verbindet eine umfangreiche Nährstoffversorgung mit geschmacklicher Vielfalt.

Die Kunst der wohldosierten Sünde

Wer sich einseitig ernährt, ist schlecht beraten. Denn richtiges Essen ist für unseren Körper so wichtig wie die Luft zum Atmen. Es liefert ihm die notwendige Energie. Und die erforderlichen Aufbaustoffe. Kartoffeln, Reis und Nudeln (wegen der Kohlenhydrate) sollten im Ernährungsplan ebenso wenig fehlen wie Fleisch, Fisch und Käse (wegen der Eiweißstoffe), Butter und Öl (der Fette wegen) sowie natürlich frisches Gemüse und Obst (mit ihrem Reichtum an Vitaminen, Ballaststoffen, Mineralien und Wasser). Auf die richtige Mischung kommt es dabei nur an. Keines der Lebensmittel kann uns nämlich allein mit allen benötigten Nährstoffen versorgen. Sich richtig und folglich gesund zu ernähren heißt auch dieses zu

berücksichtigen: Nicht zuviel Cholesterin und Fett aufnehmen, auf versteckte Fette (in Wurst, Käse, Nüssen
und Schokolade) achten, Zucker und Salz maßvoll
verwenden, einen vernünftigen Eßrhythmus (mehrere
kleine Mahlzeiten) wählen und das Eßtempo zügeln.
Eigengeschmack und die Vitamine der Produkte
erhalten. Nach allen diesen Komponenten ist die
Leichte Küche mit ihren schonenden Garmethoden
ausgerichtet, läßt uns Genußwert wie Nährwert
erleben: Leichte Kost, abwechslungsreich zusammen-
gestellt. Wer sich so bewußt ernährt und so bewußt
genießt, dem wird man hin und wieder auch eine kleine
"Sünde" verzeihen.

Die Verführung zum sinnlichen Vergnügen

Selbstverständlich "ißt" das Auge mit. Aber auch die
Nase und besonders Zunge und Gaumen. Unsere
Sinne wecken erst den Appetit. Was sie an Düften,
Farbzusammenstellungen und Geschmacksstoffen
aufnehmen, geben sie an das Gehirn weiter. Und von
dort gehen dann die Anweisungen an die für Verarbei-
tung, Ausnutzung und Verträglichkeit zuständigen
Organe. Deshalb spielt das sinnliche Vergnügen am
Essen auch für die Gesundheit eine so große Rolle.
Wer mit Kräutern würzt, tut nicht nur seinem Gaumen
Gutes. Sie ergänzen die Speisen mit Vitaminen und
Mineralstoffen. Geschmack und Gesundheit in Ein-
klang zu bringen ist gar nicht so schwer. Sie müssen
sich nur von Kopf und Bauch zugleich verführen
lassen.

Die gesunden Garmethoden der Leichten Küche

Das Gemüse knackig-aromatisch, der Fisch saftig-seefrisch, das Fleisch auf den Punkt gegart — wie machen das die Könner der leichten Küche bloß? Ich will Ihnen hier das Geheimnis verraten. Es heißt: Bio- und Aromagaren. Und das ist so einfach, daß es wirklich jeder zu Hause nachvollziehen kann. Erforderliches Zubehör: Ein Dampf- bzw. Schnellkochtopf mit zwei Kochstufen, dessen Bedienung Sie in kürzester Zeit erlernt haben. Wenn Sie dann noch beim Aromagaren eine Prise Phantasie hinzugeben, werden Sie ebenfalls bald zum Kreis der Könner zählen.

WAS IST BIOGAREN?

Schnellkochtöpfe herkömmlicher Art verkürzen zwar lange Garzeiten beträchtlich, bei zartem Gemüse bestand jedoch leicht die Gefahr, daß es zu weich wurde. Schnellkochtöpfe der jüngeren Generation sind zusätzlich mit einer sogenannten Bio- oder Schonstufe ausgestattet. Sie ermöglicht geringeren Dampfdruck und somit eine etwas geringere Temperatur beim Garen. Gemüse, Fleisch oder Fisch werden in den zum Topf gehörenden Siebeinsatz gelegt und kommen mit der Flüssigkeit gar nicht in Berührung. Alles wird also aroma- und vitaminschonend gegart. Wichtig dabei ist das genaue Einhalten der Garzeit! Sie wird von dem Zeitpunkt an gerechnet, an dem die Bio- oder Schonstufe erreicht ist. Beendet ist sie, wenn der Topf "entdampft", das heißt drucklos gemacht wird. Übrigens gilt das auch für die Schnellkochstufe. Die Garzeit richtet sich nicht nur nach Größe und Art des Gargutes, sondern auch nach der Topfgröße. Deshalb sollten Sie immer die Empfehlungen des Topfherstellers beachten. Meine Empfehlung: Mit einem 1 x 3,6 l plus einem 1 x 5 l ist Ihr Haushalt (bei 2-6 Personen) bestens ausgerüstet. Als goldene Regel fürs Biogaren können Sie sich noch merken: Lieber zu kurz als zu lange garen. Nachgaren ist immer möglich!

WAS IST AROMAGAREN?

„Die Kunst des Kochens besteht darin, natürliches Aroma zu erhalten, zu betonen und zu variieren, aber niemals zu korrigieren." Das ist mein Leitspruch, und das Aromagaren ist meine raffinierte Variante des Biogarens. Ich gebe frische Kräuter oder Gewürze in die Flüssigkeit und lasse alles aufkochen, damit sich die Aromastoffe lösen. Das Gargut im Siebeinsatz wird mit dem Dampf aromatisiert. Es gibt keine festen Regeln, die vorschreiben, welche Kräuter und Gewürze zu bestimmten Gerichten gehören. Aber Petersilie, Kerbel, Schalotten und Knoblauch passen fast immer.
Wichtig ist, daß Sie beim Aromagaren eine gewisse Freude am Experimentieren haben. Mischen Sie nicht zu viele Kräuter miteinander; meist reichen ein oder zwei. Hier eine kleine Aufstellung, was besonders gut miteinander harmoniert. Zu Fisch passen Estragon, Dill, Zitrone, Safran, Pernod, Basilikum und Weißwein. Zu Geflügel Estragon, Lorbeer, Zitronenmelisse und

Weißwein (zu Ente Rotwein). Zu Lammfleisch Thymian, Rosmarin, Lorbeer, Knoblauch. Zu Rindfleisch Gewürznelken, Koriander, Thymian und Rotwein. Zu Schweinefleisch Majoran, Lorbeer, Fenchel und zu Wild Wacholderbeeren, Rotwein und Lorbeer.

Garmethoden

In den deutschen Küchen hat sich in den letzten Jahren eine Veränderung vollzogen, die vielfach sogar als kulinarische Revolution bezeichnet wurde. Besser, gesünder und leichter lautet der gemeinsame Nenner für diesen neuen Trend. Nicht nur die Summierung der Zutaten entscheidet über die Güte eines Gerichtes, sondern die Art der Realisierung. Und da kommt es auf die Garmethoden an. Natürlich wird seit eh und je gekocht, geschmort und gebraten. Das aber mit einer unbewußten Intensität (sprich Dauer), so daß als Ergebnis oft wirklich nur noch der vielzitierte "verdorbene Brei" herauskam: Speisen ohne Biß, in einer Fettlache, in der die für die Ernährung wichtigen Stoffe verdampfen. Die Leichte Küche dagegen charakterisiert sich in einer Zubereitung unter der Berücksichtigung aller modernen, wissenschaftlichen Erkenntnisse: Schonende Garmethoden, die Eigengeschmack, Farbe und wertvolle Nährstoffe der Produkte erhalten. Die wichtigsten dieser Garprozesse sind hier für Sie zusammengefaßt und erklärt.

DÜNSTEN

Dünsten nennt man das Garen im eigenen Saft oder mit wenig Fett- und Flüssigkeitszugabe im geschlossenen Topf (siehe: Kohlrabi-Möhren-Gemüse, Lauch, Ratatouille). Sie können Gemüse auch ganz ohne Fett dünsten. Dann muß es nach dem Waschen tropfnaß in den Topf gegeben werden. Diese Art des Dünstens wird häufig wasserarmes Garen genannt. Wenn Schalotten oder Zwiebeln in mäßig heißem Fett glasig werden, spricht man von Andünsten. Wichtig bei dieser Garmethode: Mäßige (mittlere Hitze), denn es soll ja nicht bräunen. Auch in Aluminiumfolie (siehe: Fischfilet mit Champignons und Kräuter in Folie) kann man sehr gut dünsten.

SAUTIEREN

Sautieren bedeutet das Garschwenken in wenig heißem Fett in einer Pfanne oder einem Stieltopf. Kleingeschnittene Kurzbratstücke (siehe auch Feldsalat mit Äpfeln und Geflügelleber, Hähnchenbrust mit Ananas), werden in das heiße Fett gegeben. Die Pfanne während des Garens auf der Kochstelle hin- und herschwenken. Dadurch vermeiden Sie ein Anrösten, erzielen eine gleichmäßige Bräune. Sautieren ist eine ideale Garmethode für Fisch, Geflügel und Innereien.

DÄMPFEN

Dämpfen, das Wort sagt es schon, ist Garen im Dampf. Dabei werden die Nahrungsmittel, vorzugsweise Gemüse, Kartoffeln oder Fisch in einen Siebeinsatz gegart und kommen mit der Flüssigkeit (Wasser, Wein, Saft oder Brühe) gar nicht in Berührung. Vorraussetzung dafür ist ein gut schließender Kochtopf, damit der Dampf nicht entweichen kann. Während der Garzeit immer darauf achten, daß die Flüssigkeit leicht kocht, damit sich Dampf bilden kann. Dämpfeinsätze oder aufstellbare Siebe können Sie passend zur Topfgröße kaufen. Am besten eignet sich ein Dampfdruck- bzw. Schnellkochtopf mit dazugehörigem Siebeinsatz.

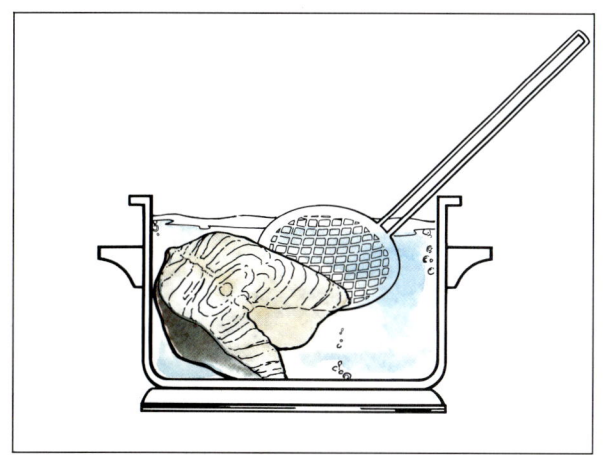

POCHIEREN

Pochieren ist ein Garziehen in heißer, nicht kochender Flüssigkeit. Diese Garamethode eignet sich besonders gut für Fisch (siehe: Schollenfilet, Hechtklößchen). Pochiert wird in leicht gesalzenem, eventuell mit etwas Zitronensaft aromatisiertem Wasser, Weißwein oder Fruchtsaft. Süßspeisen können auch in Milch (siehe: Schneeklößchen) pochiert werden. Nach dem Aufkochen der Flüssigkeit die Hitze sofort reduzieren, um ein Fortkochen zu vermeiden. Erst dann das Gargut hineinlegen. Die Garzeiten sind sehr verschieden. Sie können zwischen einer Minute (Schollenfilet) und sechs Minuten (Petersilienklößchen) liegen. Bei sehr kurzen Zeiten das Gargut deshalb nicht in die heiße Flüssigkeit geben, sondern mit einer Schaumkelle reinhalten (siehe: Schollenfilets).

BLANCHIEREN

Blanchieren ist ein kurzzeitiges Eintauchen bzw. Garen in sprudelnd kochendes Wasser. Ideal für Gemüse, das in der Leichten Küche auf den Punkt gegart wird. Dadurch bleibt es knakkig (hat Biß) und behält auch seine natürliche Farbe. Je nach Sorte in das kochende Wasser schütten und nur noch einmal kurz aufkochen (Spinat), ein bis zwei Minuten (Böhnchen, Zuckerschoten) oder fünf Minuten (Spargel) kochen. Anschließend in eiskaltem Wasser (möglichst mit Eiswürfeln) abschrecken. Dadurch stoppen Sie den Garprozeß abrupt. Um es heiß zu servieren, erhitzen Sie es mit wenig Butter und schwenken den Topf dabei auf der Kochstelle hin und her. Das nennt man auch Anschwenken.

GAREN IM WASSERBAD

Empfindliche Saucen (siehe Sabayon) oder Cremespeisen (siehe Ingwercreme), die als Zutaten Butter, Eier oder Sahne enthalten, können durch zu starke Hitze leicht anbrennen oder ausflocken (gerinnen). Deshalb hängt man den Topf, in dem sie zubereitet werden, in einen größeren Topf, der mit heißem, nicht kochendem Wasser gefüllt ist. Auch Schokoladenkuvertüre, z. B. für eine Mousse au chocolat, kann man gleichmäßig in einem Wasserbad schmelzen. Sie können darin auch Suppen und Saucen warmhalten, die nicht mehr weiterkochen sollen.

Das Auge ißt mit:
Dekor-Ideen für Fortgeschrittene

Die beste Zutat für ein Rezept ist die Phantasie. Und die Idee-alisten in der Küche überraschen uns immer wieder mit neuen kulinarischen Kreationen. Eine wahre Augenlust dazu, wie sie ihre Gerichte anzurichten wissen. Dieser Dekor-Zauber ist aber gar nicht so schwer nachzuvollziehen, auch Sie können Ihren Gästen solch ein optisches Vergnügen mit der Leichten Küche bieten. Die fernöstliche Tafelkultur hat uns dazu viele Anregungen gegeben. Wie Sie auf den Portionstellern der Rezeptvorstellungen dieses Buches sehen kön-

nen, entwickelt sich die Dekoration ganz natürlich aus den Produkten selbst. Auf dem Foto zeigt eine Möhre die Variationsmöglichkeiten. Verwandlungsfähig sind viele Gemüse- und Obstarten wie etwa Kartoffeln, Kohlrabi, Lauch, Paprika, Melonen, Oliven, etc. Sie müssen sich auch nicht gleich das gesamte abgebildete Instrumentarium anschaffen — mit einem guten Küchenmesser und eben der Phantasie läßt sich schon eine Menge machen.

1. Sparschäler: Mit schräg gestellter Klinge für gleichmäßig dünne Scheiben (**A**).

2. Buntmesser: Mit dik- ker, zackig geschliffener Klinge für gezackten Schnitt (**B**).

3. Küchenmesser: Das vielseitigste Messer von allen. Für unterschiedli- che Scheiben (**C, D, E**), Formen (tournieren, **F,** **G**), Stifte (**H**), Würfel (**I**), Rauten (**J**), feine Streifen (Julienne, **K**) und ganz feine Würfel (Brunoise, **L**).

4. Kugelausstecher: halbkugelförmiger Aus- stecher für 2 cm große Kugeln (**M**).

5. Erbsenausstecher: Kleiner Ausstecher für erbsengroße Kugeln (**N**).

6. Olivenausstecher: Wie Kugelausstecher, nur oval (olivenförmig, **O**).

7. Juliennereißer: Flach, mit scharfkantigen, an- geschrägten Löchern. Auch als Zestenreißer bekannt, weil damit sehr dünne Streifen (**P**), bei Orangen- und Zitronen- schalen Zesten genannt, gezogen werden können.

8. Orangenschäler: Mit einer eingeschliffenen Zacke in der Klinge für stern- oder blumenförmi- ge Verzierungen (**Q, R**).

Grobe Raspel: (ohne Ab- bildung) Grobe Seite einer Allzweckreibe mit mehreren tiefen Einker- bungen. Für etwas dickere Streifen (Raspel, **S**).

Feine Raspel: (ohne Ab- bildung) Eine Seite der Allzweckreibe mit mehre- ren kleinen Einkerbun- gen. Für feine Streifen (Raspel, **T**).

Wie man ein Menü zusammenstellt

Natürlich müssen es nicht gleich 12 Gerichte sein, die zu Kaisers Zeiten erst ein Menü würdig werden ließen. Ausgesuchte Zutaten, mit Finesse und Feingefühl zubereitet, machen die mehrgängige Speisenfolge zu einem Erlebnis. Ein Menü ist eine fast musikalisch anmutende Steigerung des Genusses mit dem Hauptgang als kulinarischer Höhepunkt. Wichtig bei der Erstellung sind ein paar Grundregeln, die aber viel Raum für Komposition und Improvisation lassen. Sie sind leicht zu merken und noch leichter zu befolgen.

DER TRICK

Die einzelnen Gänge des Menüs sollten nicht zu üppig sein. Viele Köche der neuen, leichten Küche haben einen Dreh gefunden, um ihre Gäste die Vielfalt auch wirklich genießen lassen zu können: Sie halbieren die Portionen. So können Sie bei besonderen Anlässen die Menüfolge ohne weiteres auf sechs oder sogar acht Gänge steigern, die sich ohne Mühe essen lassen. Bei vier Personen kochen Sie jeweils nur die Menge für zwei.

ABWECHSLUNG

Bei der Zusammenstellung richten Sie sich nach zwei Grundregeln. Die erste lautet: Ein Menü muß Abwechslung tragen. Es sollte nichts zweimal vorkommen. Das gilt sowohl für die Fisch- (also nicht Forelle und Zander in einem Menü) als auch für die Fleischarten (nicht Kaninchen und Reh). Vermeiden Sie auch Wiederholungen bei den Gemüsen, Garnituren und möglichst auch bei den Garmethoden. Ebenfalls nicht zwei helle oder dunkle Saucen aufeinander folgen lassen. Meisterhaft

Überraschungs-Menü

Lachstatar — Kerbelsuppe — Hasenrücken mit Preiselbeer-Pfeffer-Sauce und Spätzle — Schneeklößchen mit Fruchtpürees

Festtagsmenü

Mousse von Räucherforelle — Kalbsbries mit Zuckerschoten — Rosa gebratene Entenbrust auf rotem Paprika mit Herzoginkartoffeln — Rumpflaumen mit Zitroneneis

wird das Menü, wenn bei jedem Gang außerdem Farbe und Form der Produkte wechseln.

STEIGERUNG

Hier gilt die zweite Grundregel: Der Hauptgang ist der Höhepunkt. Bis dahin sollte sich der Geschmack der einzelnen Gerichte intensivieren. Also die zarten Speisen (was sich auch in den Farben ausdrücken kann) immer zuerst reichen, die Gewürzanwendung erst im Verlauf der Gangfolge erhöhen. Das Prinzip der Steigerung ist auch für die begleitenden Weine maßgebend.

MENÜFOLGE

Stimmen Sie ihre Gäste mit einem kulinarischen Vorspiel ein – dem Amuse gueule. Dieser appetitanregende Gaumenkitzler wird in vielen guten Restaurants als Entreehappen des mehrgängigen Menüs gereicht. Dem folgt zuerst eine kalte Vorspeise oder eine Suppe. Anschließend findet der Fisch seinen Platz auf dem Teller. Und dann als krönenden Hauptgang Geflügel, Fleisch oder Wild. Den Abschluß — nach angemessenem Abstand — bilden dann eine Käseauswahl und das Dessert. Dieser Reihen-

folge entspricht übrigens auch die Rezeptübersicht dieses Buches. Kaffee, Espresso sowie Cognac, Calvados, Grappa oder Tresterschnaps lassen eine Tafelrunde ausklingen, zählen aber nicht als separate Menügänge.

MENÜS VERÄNDERN

Wenn es nicht ganz so umfassend sein soll: Jedes Menü läßt sich natürlich verkürzen. Verzichten Sie entweder auf die kalte oder warme Vorspeise, eventuell auf das Sorbet (kann auch als Dessert gereicht werden). Zum Abschluß kann dann auch nur das Dessert oder nur Käse stehen. Drei Gänge sind allerdings für ein Menü unabdingbar — sonst trägt es seinen Namen nicht mehr. Auf diesen und den folgenden Seiten finden Sie fünf Menüvorschläge, die Sie nach ihren Vorstellungen ergänzen können.

Leichtes Frühlingsmenü

Spargelsalat mit gezupften Kräutern und Shrimps — Tagliatelle mit Olivenmus — Putenbrustroulade mit Geflügellebersauce und Gurken-Tomaten-Gemüse — Geeister Joghurt mit Rhabarber-Kompott

Schlemmermenü im Freundeskreis

Gemischter Salat mit Fischfiletstreifen — Jakobsmuscheln mit Weintrauben — Gebeiztes Rinderfilet auf Alfalfasprossen — Zwei Sorbets auf einem Sabayon mit Zitroneneis

Herbstliches Menü

Böhnchensalat mit Pilzen — Birnen-Kartoffel-Gratin — Kalbsmedaillons mit Basilikum-Tomaten, Kräuterbuttersauce und Kurkumanudeln — Birnen-Mousse mit Schokoladenschaum

Wein

WEIN

Der Wein ist wirklich eine Gabe der Götter an den Menschen. Ihn nur als Genußmittel oder Getränk zu bezeichnen, wäre schon deshalb hemmungsloses Tiefstapeln. „Er verleiht den Gefühlen Überschwang und dem Essen erst den richtigen Glanz", reimte Johann Wolfgang von Goethe mit nachempfundener Bewunderung. Tatsächlich: Der Wein bietet sich zur Vermählung mit dem Essen geradezu an. Wein in Verbindung mit der Leichten Küche etwa ist wie der Aufbau einer Symphonie: Jeweils ein eigenes Thema, jeweils eine persönliche Geschmackskomponente — im Ganzen eine Synthese.
Wie aber findet man den richtigen Wein zum Essen. Da bieten sich die deutschen Weine an. Durch ihre leichte, fruchtige und bekömmliche Art harmonisieren sie optimal mit der Leichten Küche. Durch ihre erfrischende, rassige Säure und den im Durchschnitt niedrigen Alkoholgehalt setzen sie ihre Akzente. Die Auswahl von Weinen zum Essen unterliegt einer kleinen Anzahl von Kriterien. Was Sie wissen sollten, ist hier in einigen Absätzen zusammengefaßt. Es sind Leitlinien, die Ihnen die Wahl erleichtern sollen.

WELCHER WEIN WOZU?

"Bei Tisch", fordern einige Eingeschworene, „da muß man doch herbe Sachen haben." Sie protestieren schon bei Spätlesen. Für andere gilt ausschließlich „Weißwein zu weißem Fleisch und Rotwein zu dunklem Fleisch." Darum folgend auch nur einige Grundregeln, die durch die Ausnahme bestätigt werden können:

1. Trockene, würzige Weißweine, z.B. Riesling, Traminer, zu kalten Vorspeisen.
2. Halbtrockene bis trockene, fruchtige Weißweine, z.B. Müller-Thurgau, Kerner, zu Zwischengerichten.
3. Trockene, säurebetonte Weißweine, z.B. Riesling, Silvaner, zu Fisch und Meerestieren.
4. Vollmundige Weißweine z.B. Gutedel, Scheurebe zu Kalb, Huhn, Ei- und Nudelgerichten.
5. Leichte Rotweine, z.B. Spätburgunder oder Roséweine, zu Geräuchertem, Lamm und Gemüse.
6. Schwere Rotweine, z.B. Lemberger Schwarzriesling, zu Rind, Wild und Käse.
7. Trockener Sekt paßt zu allen Gerichten.

Für ein mehrgängiges Menue sollten auch verschiedene Weine (je nach Anlaß zwischen 2 und 4) vorgesehen sein, die in dieser Reihenfolge serviert werden:
— zart vor würzig
— leicht vor kräftig
— trocken vor mild/süß
— weiß vor rot
— kühl vor warm
— alkoholarm vor alkoholreich

WELCHE TEMPERATUREN SIND RICHTIG?

Leider werden hier noch häufig Fehler gemacht. Weißwein schmeckt breit und plump, wenn er zu warm serviert wird. Zu tief gekühlt verliert er an Bukett und Geschmack.
Hochwertige Rotweine verlieren bei zu niedriger Temperatur den größten Teil ihrer Geschmacksnuancen. Mit der alten Faustformel "Zimmertemperatur" für den Roten und "Kühlschranktemperatur" für den Weißen liegen Sie meist falsch.
Die beste Trinktemperatur ist für

Weißwein	(1-5 Jahre alt)	8-10 Grad C
	(5-10 Jahre alt)	10-12 Grad C
Weißherbst/Rosé	(1-3 Jahre alt)	10-12 Grad C
	(3-5 Jahre alt)	12-14 Grad C
Rotwein	(1-3 Jahre alt)	14-16 Grad C
	(4-10 Jahre alt)	16-18 Grad C
Sekt		8-10 Grad C

WELCHES GLAS?

Es sollte möglichst farblos und durchsichtig sein, damit Farbe, Klarheit und Dickflüssigkeit des Weines auch voll zum Ausdruck kommen. Und es sollte einen langen Stiel haben, damit die Hand nicht mit dem Kelch in Berührung kommt und den Wein erwärmt.
Für den Weißwein ein Glas mit einem kleinen Kelch wählen. Dann kann die Duftnote nicht entweichen.
Beim Rotwein nach Gerbstoffgehalten unterscheiden. Geschmeidiger erscheint er in einem größeren Kelch, der mehr an Luft an den Wein läßt. Hochwertige, ältere Weine gewinnen in kleineren Gläsern.
Eine Regel gilt immer: Die Gläser nie mehr als halbvoll gießen.

WAS BEIM EINKAUF BEACHTEN?

Wenn sich die Möglichkeit bietet (in jeder guten Weinhandlung sollte das so sein), die eine oder andere Weinsorte vorher probieren. Dann können Sie selbst ein Urteil fällen. Und lassen Sie sich beraten.
Beim Preis gibt es nach oben kaum eine Grenze. Nach unten sollte man sie bei etwa 8 Mark ziehen. Billigangebote sind der Ausgabe nicht wert.
Keine Zwei-Liter-Flasche mit Phantasienamen wie z.B. "Winzertrunk" kaufen.
Weine meiden, die nicht im Anbaugebiet abgefüllt worden sind.
Und achten Sie darauf, daß das Etikett Jahrgang, Lager und den Winzer oder eine Winzergenossenschaft nennt.

WIE DEN WEIN LAGERN?

Nicht im Wohnzimmer oder in der Küche aufbewahren. Gleichmäßige Temperaturen (optimal zwischen 10-14 Grad C, nicht über 15 Grad C), sind wichtig. Immer liegend lagern, z.B. in gestapelten Tonröhren oder ähnlichen Bauelementen. Da der Korken nicht austrocknen darf, auch auf eine bestimmte Luftfeuchtigkeit achten. Den Wein nicht dem Licht (besonders Neonlicht) aussetzen. Darunter leidet er. Nicht in der Nähe von starkriechenden Nahrungsmitteln und Substanzen (Zwiebeln, Benzin etc.) lagern.

DIE BEKANNTESTEN WEINE AUS DEUTSCHLAND

WEISSWEINE:

BACCUS
In der Farbe grüngelb bis hellgelb. Hat ein dezentes Muskatbukett, teilweise mit Kümmelaroma. Viel Extrakt, hochwertig und fruchtig.

GEWÜRZTRAMINER
Fruchtig, kräftig, würzig mit viel Bukett. Die Spätlesen sind hochwertig mit Körper, guter Struktur, Spiel und Rasse.

GUTEDEL
In der Regel leicht und süffig. Hellgelbe Farbe.

GRAUBURGUNDER/ RULÄNDER
Besitzt ein intensives Bukett. Er ist körperreich, gehaltvoll, kräftig bis schwer und sehr ausdrucksvoll.

KERNER
Rieslingähnlicher Wein, frisch und fruchtig mit deutlicher Säure.

MÜLLER-THURGAU
Leicht und blumig mit dezentem Bukett und milder dezenter Säure.

MUSKAT
Bukettreicher Wein mit viel Frucht und Würze.

RIESLING
Das ist die edelste Traubensorte in Deutschland. Ein leichter, gehaltvoller Wein mit viel Spiel und Rasse.

SCHEUREBE
Feines Bukett, aromatisch, pikant, lebendig, vollfruchtig mit rassiger Säure.

SILVANER
Meist ein milder Wein mit neutralem Bukett.

TRAMINER
Fein differenzierter Wein, bei Spätlesen feinster Duft.

WEISSBURGUNDER
Gute Struktur und dezentes Bukett.

ROTWEINE

DOMFELDER
Tiefroter Wein mit kräftigem Bukett.

LEMBERGER
Dunkelrot, voll und samtig.

PORTUGIESER
Hellrot, leicht und feinfruchtig mit leichtem angenehmen Bitterton.

SCHWARZRIESLING
Viel Eleganz und Frucht, mittel- bis dunkelrot.

TROLLINGER
Leicht, frisch und fruchtig. Hellrot. Leichter Bitterton.

Käse

Käse

Einen Hauch von Eigensinn besitzt er schon. Vielleicht hat er sich auch deshalb durchgesetzt. Denn wahr: Der Käse, früher eine kaum beachtete Alltagsnahrung, ist ins Repertoire der feinen Leichten Küche aufgestiegen. Und daraus auch nicht mehr wegzudenken. Plaziert im Finale des Menüs überzeugt er uns immer wieder durch die Vielfalt seiner Aromen und allerfeinste Geschmacksnuancen.
Käse gilt zwar als der klassische Abschluß, wird aber stets vor dem Dessert gereicht — oder statt dessen. Drei Sorten sind das mindeste, was eine Käseplatte offerieren sollte. Eine größere Auswahl ist willkommen.

EMPFEHLUNGEN:

Die Käserei ist eine Kunst, die Kenntnisse und Erfahrungen vieler Generationen enthält und ständig weiterentwickelt wird. Die Palette der Sorten reicht vom cremigen Weichkäse bis zu den großen Laibern der Hartkäse, die Geschmacksrichtungen von sanftsäuerlich bis herzhaft-deftig.

AUFBEWAHRUNG

Käse können Sie schon Tage vor dem Essen besorgen. Aber er muß sorgsam behandelt werden. Reifende Weichkäse am besten kühl (etwa 15 Grad C) und dunkel unter einer Käseglocke aufbewahren. Edelpilzkäse, Schmierkäse und Ziegenkäse in Pergamentpapier wickeln und ins Gemüsefach des Kühlschranks legen. Hartkäse vor dem Austrocknen bewahren. Dafür eignet sich ein sauberes, feuchtes Tuch. Kleine Stücke in Aluminiumfolie. Harte und weiche Käse sollten zwei Stunden vor dem Essen aus dem Kühlschrank genommen werden, damit sie ihr Aroma entfalten können.

PRÄSENTATION

Käse auf einem Holzbrett (eine gute, messerschonende Unterlage) servieren. Für Weich- und Schimmelkäse ist noch eher ein Marmorbrett geeignet. Auf dem kühlen Untergrund kann dieser Käse nicht so leicht "weglaufen". Gute Käsemesser besitzen eine leicht gekröpfte Klinge. Saubere Schnitte gelingen besser, wenn man das Messer kurz in heißes Wasser taucht. Mit einem gespannten Draht (Käseschneidebogen) lassen sich Weich- und Edelpilzkäse gut trennen. Für Hartkäse einen Käsespaten und für die kleinen Bergkäse wie den "Tete de Moin" eine Girolle mit Schabeklinge benutzen. Beim Zusammenstellen der Käseplatte kleine Gruppen bilden (milde und kräftige Sorten getrennt). Zuerst den milden Käse, zuletzt den kräftig-würzigen Käse offerieren. Eventuell grüne oder blaue Trauben und Baguette, Vollkornbrot oder Pumpernickel dazureichen.

EDELPILZKÄSE

Sie sind durch und durch mit bläulich-grünen Adern durchzogen und werden auch als "Bleus" bezeichnet. Aus Kuhmilch hergestellt. Berühmte Ausnahme ist der Roquefort aus Schafskäse, der in tiefen Felsenhöhlen reift. Nach der Formung werden in die weichen Käselaiber mit feinen Nadeln Luftlöcher gestochen. So kann die Pilzkultur den ganzen Käse durchwachsen.
Auswahl: Bavaria Blue, Roquefort, Bresse Blue oder Blue de Bresse, Blue de Corse (auch aus Schafskäse), Foume d'Ambert, Blue d'Auvergne, Gorgonzola und der englische Stilton.

WEICHKÄSE

Herzstück und Pflicht einer jeden Käseplatte. Die samtig-weiße Rinde entsteht durch Zugabe einer Pilzkultur, die auch für den mild-aromatischen Geschmack dieser Sorten sorgt. Nur in perfektem Reifezustand anbieten. Bräunliche Flecken sind ein Zeichen für schlechte Qualität.
Auswahl: Camenbert, Coulommiers, Fourgeu, Brie und der italienische Camenbert Paglietta.

ROTER SCHMIERKÄSE

Ein Weichkäse von intensivem, kräftig-würzigem Geschmack. Die meist rötlich-gelbe Schmiere entsteht durch häufiges Waschen (mit Wein oder Öl) und Bürsten während der Reifezeit. Dabei sorgen die Bakterien für die Färbung. Fast keine Schimmelbildung.
Auswahl: Munster, Livarot, Chaumes, Langres, Pont l'Ev'eque, Maroilles, Reblochon.

ZIEGENKÄSE

Fast immer aus Rohmilch hergestellt. Typisch ist die Vielfalt kleiner Formen (Fladen, Pflastersteine, Herzen, abgeschnittene Pyramiden, lange Rollen) und der Rinden (Edelpilztasen, grau-blauer Schimmel, Puderung mit gemahlener Holzkohle). Junger Ziegenkäse hat einen recht milden, älterer einen kräftigen Geschmack. Einige Sorten werden auch in Öl eingelegt.
Auswahl: Sylter, Le Caprin, Crottin de Chavig-nol, Pouligny-Saint-pierre, Saint-Maure.

HARTKÄSE

Ein stark gepreßter, fester Käse. Außer durch das Pressen wird dem Käsebruch auch noch durch Erhitzen die Feuchtigkeit entzogen. Kann deshalb ohne weiteres für mehrere Wochen aufbewahrt werden.
Auswahl: Mittelharte und harte Sorten sind Allgäuer Bergkäse, Edamer, Gouda, Tomme de Savoie, Appenzeller, Gruyère, Parmesan, Franche Comtè und Beaufort.

ROHMILCHKÄSE

Sie täuschen durch ihr oft etwas unansehnliches Äußeres. Was sich aber dahinter verbirgt, zählt zu den feinsten Sorten. Rohmilchkäse werden aus unbehandelter, nicht erhitzter Milch hergestellt. Ihr Reifeprozeß wird nicht künstlich gestoppt. Dadurch schmecken sie jeden Tag anders.
Auswahl: Gratte Paille, Chource, Brillat-Savarin.

Kräuter

Kräuter

Die Leichte Küche ohne das Aroma frischer Kräuter: einfach undenkbar. Man hat sie deshalb auch schon die Glorie der Köche genannt. Die Seele der Küche sind sie bestimmt. Kaum ein Gericht, das nicht durch Kräuter geschmacklich hervorgehoben wird. Sie sind geradezu prädestiniert für kulinarische Partnerschaften: Ein Blatt Basilikum erhebt eine schlichte Tomate zur Delikatesse, Estragon in einer Zander-Sauce bringt Frische an den Fisch. Und beim Aromagaren machen sie den Speisen erst den richtigen Dampf. Für die Anwendung gilt eine allgemeine Regel: Kräuter sollen eine Ergänzung sein, sie dürfen den Eigengeschmack eines Produktes nicht überdecken. Das ganze Jahr über frisches Grün zum Würzen zu bekommen, ist heute einfacher geworden. Kräuter-Liebhaber finden es immer häufiger bei ihrem Markthändler und in guten Gemüseläden. Sie können sich ihren Vorrat aber auch selbst ziehen — auf dem Fensterbrett. Dazu benötigen Sie Blumentöpfe, Gartenerde und Samen oder Setzlinge. Nur das Gießen nicht vergessen.

DAS ALPHABET DER KRÄUTER-KÜCHE

ANIS

wird seit Jahrhunderten angebaut. Die Römer bepflanzten die toscanischen Felder damit und reichten zum Abschluß eines Festmahls Aniskuchen. Auch für Cremes und Süßspeisen.

BASILIKUM

Stammt ursprünglich aus Indien. Unterschiedlich im Geschmack. Die glatten Blätter sehr intensiv, die gekrümmten eleganter und zurückhaltender. Für Saucen und Salate, zu Fisch und Geflügel. Lieblingsgewürz der Tomate.

BOHNENKRAUT

Minzartiges Kraut, kräftiger, dem Pfeffer ähnlicher Geschmack. Die frischen Blätter und Blüten verwenden. Für Gemüse, Pilze, Suppen, zu Lamm und Wild.

BORRETSCH

Trägt Haare auf den Blättern. Am besten zusammen mit anderen Kräutern und kalt verwenden. Der Reiz der Frische verliert sich beim Erhitzen. Zu Salaten, Gemüsen und Kräutersaucen.

DILL

Im Mittelalter als Mittel gegen die Zauberei gepriesen. Das meiste Aroma steckt in den Spitzen. Zu Fisch und Meeresfrüchten, für Salate, Suppen und Saucen. Ideale Teller-Dekoration.

ESTRAGON

Durch zu häufiges Verwenden in Essig und Senf fast um sein Renommée gebracht. Intensiver Geschmack der zarten, länglichen Blätter. Hervorragend für Saucen, zu Gemüse, Fisch und Geflügel.

KERBEL

Gehört zu den klassischen "fines herbes". Sein Geschmack erinnert ein wenig an Myrrhe. Erst zum Schluß in die Speisen geben, damit sein Geschmack erhalten bleibt. In Salate, Suppen, Saucen, zu Gemüse und Fisch.

KORIANDER

Die Chinesen glaubten früher, er verleihe Unsterblichkeit. Als Kraut leider viel zu selten gebraucht. Sehr aromareich. In Saucen (Vinaigrette) und Suppen, zu Fisch und Krustentieren.

KRESSE

Zum Würzen die frischen jungen Pflanzen verwenden. Frischer, rettichartiger, leicht bitterer Geschmack. Für Salate, Fisch, Kalbfleisch und Kräutersaucen.

LIEBSTÖCKEL

Große Pflanze mit sehr starkem Geschmack. Blätter und Stengel enthalten sellerieähnliche, aber intensivere Aromastoffe. Für Saucen und Suppen, Gemüse und Salate sowie kräftigen Fleischgerichten.

MAJORAN

Aphrodite soll ihn als Symbol der Freude geschaffen haben. Würziger Geruch und leicht bitterer Geschmack. Majoran paßt zu Innereien, Geflügel und Fisch. Für Salate und Saucen.

MINZE

Sie ist am besten bei den Patissiers in der Küche aufgehoben. Dort überzeugt sie mit ihrem würzigen Geruch und leicht mentholartigem Geschmack die Genießer. Auch zum Dekorieren von Süßspeisen.

PETERSILIE

Gehört zu den Standardkräutern. Die glatte ist geschmacksintensiver, die krause würzig und dekorativ. Zum Würzen nimmt man die ganzen oder gehackten Blätter. Reich an Vitamin C. Zu Fisch, Fleisch, Gemüse, Suppen und Saucen.

PIMPERNELLE

Fast so vielseitig wie die Petersilie. Aber nur frisch entfaltet dieses Kraut sein würziges Aroma und seinen leicht nußartigen Geschmack. Zu Saucen und Salaten, harmonisiert vor allem mit Innereien (Bries, Nieren).

ROSMARIN

Gilt als Treuesymbol für Liebende. Intensiver bitter-aromatischer Geschmack. Für dunkle Saucen, Tomatengerichte, Geflügel, Rind, Lamm und Wild. Sparsam verwenden.

SALBEI

Wird in der Geschichte wegen seiner lebensverlängernden Eigenschaften gerühmt. Im Geschmack würzig, aromatisch, leicht bitter. Frisch muß er sein, sonst schmeckt er medizinisch-streng. Zu Kalbfleisch, Leber und Teigwaren, zu Wild und Fisch.

SAUERAMPFER

Die beste Zeit für dieses säuerliche Kraut ist von Mai bis Juli. Sauerampfersuppe ist eine Delikatesse. Paßt ausgezeichnet auch zu Geflügel, Fisch und cremigen Saucen.

SCHNITTLAUCH

Schon vor 4000 Jahren in China bekannt. Die rohrartigen Blätter haben ein zartes Zwiebelaroma. Geradezu prädestiniert für Saucen — ob in kleinen Röllchen oder püriert. Auch in Salaten und zur Garnitur.

THYMIAN

Die Schüchternheit sollte er früher besiegen helfen. Duftet intensiv und hat einen leicht bitteren Geschmack. Für Kartoffelgerichte, Geflügel, Wild, Lamm, Ragouts und Pasteten.

WEINRAUTE

Wird selten angeboten, aber dann sollte man es probieren. Das rare Kraut mit den gefiederten Blättern hat einen herb-aromatischen Geschmack. Es würzt Saucen, Salate und Wildgerichte.

YSOP

Bei den Griechen auch "Heiliges Kraut" genannt. Die graugrünen, lanzettenartigen Blätter schmecken leicht bitter und kräftig würzig. Für Suppen, Saucen, Salate und Geflügelfarcen.

ZITRONENMELISSE

Der Schweizer Arzt Paracelsus nannte dieses Kraut "Lebenselexier". Der frische Geschmack des Krauts ähnelt dem der Zitrone. Es fehlt aber die Säure. Verfeinert Fisch- und Fleischgerichte, Suppen und Desserts.

BOUQUET GARNI

Bekannt aus der südfranzösischen Küche. Die vier Grundbestandteile des klassischen Bouquets sind 3 Petersilienstengel, 1 Zweig Thymian. Darum ein Lorbeerblatt wickeln und mit einem Rosmarinstengel zusammenstecken. Es kann mit Basilikum, Sellerieblättern, Pimpernelle, Kerbel, Estragon, Bohnenkraut oder Porree erweitert werden. Für Suppen, Bouillons und Fonds verwenden.

Salate

Böhnchensalat mit Pilzen

GERÄTE
Kochtopf
Schälchen
Sieb
Schneebesen
Schaumkelle
Küchenpinsel

ZEIT
Vorbereitung:
ca. 10 Minuten
Zubereitung:
ca. 15 Minuten

NÄHRWERT
pro Portion
Kalorien (kcal): 150
Joule (kJ): 630
Eiweiß (g): 5
Fett (g): 11
Kohlenhydrate (g): 8

VORBEREITUNG

1. Stielansatz und Spitzen von den gewaschenen Bohnen abbrechen.
2. Wurzelansatz und dunkelgrüne Blätter von den Lauchzwiebeln abschneiden. Äußere, beschädigte Blattschicht entfernen, so daß nur das zarte, weiße Herz übrigbleibt.

Arbeitsablauf: Für ein größeres Menü kann fast alles fertig zubereitet werden. Das Waschen des Friséesalats, das Hacken der Kräuter, das Schneiden der frischen Pilze und die Zubereitung des Dressings erst kurz vor dem Servieren erledigen.

EINKAUF

100 g grüne Bohnen

Beste Wahl: Extrafeine Bohnen, auch Kenia- oder Prinzeßbohnen genannt. Sie sind besonders dünn und knackig. Ganzjährig erhältlich.

160 g Champignons

Weiße und die im Geschmack würzig-intensiveren rosa Champignons kaufen. Ideal: Beide Sorten. Auf geschlossene Pilzköpfe achten.

80 g Steinpilze

Frische Steinpilze. Im Sommer und Herbst erhältlich.
Alternative: Eingelegte Steinpilze im Glas. Erhältlich in Delikatessenläden.

Schalotte

2 Lauchzwiebeln

1 kleiner Friséesalat

Krause Endiviensalatsorte mit stark gefiederten Blättern.

1 Zitrone

Kerbel

Glatte Petersilie

Schnittlauch

Olivenöl

Sherry-Essig

Kann man auch selbst herstellen, siehe Rezept Sherry-Essig. Alternative: Guter Weinessig.

Weißwein (trocken)

Senf

Beste Wahl: Eine milde, feinwürzige Sorte (z. B. Delikateßsenf).

ZUTATEN

Für 2 Portionen

100 g grüne Bohnen

80 g weiße Champignons

80 g rosa Champignons

80 g Steinpilze

1 Zitrone

½ Schalotte (15 g)

2 Lauchzwiebeln (75 g)

6 Zweige Kerbel

6 Stengel Schnittlauch

3 Stiele Petersilie

1 TL Weißwein

1 TL Sherry-Essig

½ TL Senf

2 EL Olivenöl

50 g Friséesalat

Salz

1. Böhnchen in sprudelnd kochendem Salzwasser etwa 1 Minute blanchieren, in eiskaltem Salzwasser abschrecken, kalt abspülen, auf einem Sieb abtropfen lassen.

2. Die Champignons gründlich mit einem Küchenpinsel säubern oder ganz kurz in kaltem Wasser waschen und gut trockentupfen. Sandige Pilzfüße abschneiden.

3. Die Champignons in Scheiben schneiden oder vierteln. Mit Zitronensaft säuern. Steinpilze ebenfalls in Scheiben schneiden.

4. Die Schalotte in feine Würfel und die Lauchzwiebelherzen in dünne Scheiben schneiden. Kerbel zupfen, Schnittlauch in Röllchen schneiden, Petersilie hacken.

5. Weißwein und Essig mit Salz und Schalottenwürfeln verrühren. Senf, Kräuter und Öl untermischen, Dressing abschmecken.

6. Den Salat verlesen, auf einem Sieb abtropfen lassen. Mit Pilzen, Böhnchen und Lauchzwiebeln auf Teller plazieren. Durchgerührtes Dressing darüberträufeln.

GEMISCHTER SALAT

1. Etwa 200 g Friséesalat verlesen, waschen und auf einem Sieb abtropfen lassen. Mit zwei in Streifen geschnittenen Lauchzwiebeln mischen.

2. Eine Dose Thunfisch ohne Öl abtropfen lassen, den Thunfisch zerpflücken und verteilen.

3. Einen halben Becher Joghurt mit Zitronensaft, Salz und Pfeffer verrühren, abschmecken und kurz vor dem Servieren über den Salat geben.

Meine Tips und Tricks

— Weinempfehlung: Dazu paßt Weißwein. Entweder ein leichter, bekömmlicher Gutedel oder ein Ruländer (Grauer Burgunder, Pinot gris).

— Die wichtigste Regel beim Salat: Er darf nicht im Dressing schwimmen. Das heißt, es soll an den Salatzutaten haften. Deshalb das Dressing kurz vor dem Servieren des Salates noch einmal kurz mit dem Schneebesen durchschlagen, damit sich die Zutaten gut miteinander verbinden. Das Dressing löffelweise über die Salatzutaten geben.

— Die Böhnchen bleiben schön grün, wenn sie in kaltem Salzwasser gewaschen, in sprudelndem Salzwasser gekocht und in kaltem Salzwasser abgeschreckt werden. Sie nehmen das Salz nicht auf, müssen aber vor dem Servieren noch einmal abgespült werden.

— Das Dressing schmeckt besonders aromatisch, wenn dafür Balsamessig (ital.: Aceto Balsamico) und ein würziger Senf, z.B. Moutarde de Meau, verwendet werden. Auch ein besonderes Öl macht den Salat oft noch delikater. Allerdings sind Nuß- oder Kernöle oft bereits beim Einkauf ranzig. Im Zweifel deshalb lieber darauf verzichten und ein gutes kaltgepreßtes Olivenöl (extra vergine) nehmen und mit zwei frisch gehackten Walnußkernen mischen.

— Außer den Champignons kann man für diesen Salat auch Pfifferlinge oder Shiitakepilze nehmen. Durch letztere, ursprünglich aus Japan stammende, heute auch bei uns gezüchtete Pilzsorte erhält der Salat einen asiatischen Touch. Mein Vorschlag: Den Salat mit kleinen Tofuecken (Sojabohnenquark) anrichten und das Dressing mit Sojasauce abschmecken.

— Statt Pilze Artischockenherzen verwenden und den Salat mit rosa gebratener Geflügel- oder Kaninchenleber anrichten.

Spargelsalat mit gezupften Kräutern und Shrimps

GERÄTE

Kochtopf (breit, Spargelstangen sollen schwimmen)
Schüssel
Spargel- oder
Sparschäler
Zitronenpresse
Schneebesen
Schaumkelle
Küchenschere

ZEIT

Vorbereitung:
ca. 5 Minuten

Zubereitung:
ca. 20 Minuten

NÄHRWERT

pro Portion

Kalorien (kcal):	230
Joule (kJ):	960
Eiweiß (g):	15
Fett (g):	12
Kohlenhydrate (g):	6

VORBEREITUNG

Eine Schüssel mit kaltem Wasser (möglichst mit einigen Eiswürfeln) zum Abschrecken des Spargels nach dem Kochen bereitstellen. Zweck des Abschreckens: Der Spargel soll nicht durch die vorhandene Wärme nachgaren und seinen knackigen „Biß" verlieren. Arbeitsablauf: Das Schälen des Spargels kann man vorziehen. Den Spargel dann in ein feuchtes Handtuch einwickeln und im Gemüsefach des Kühlschranks aufbewahren.

EINKAUF

150 g Shrimps

Shrimps (Tiefseegarnelen) sind eiweißreich, fettarm und haben festes, wohlschmeckendes Fleisch. Für dieses Rezept Shrimps ohne Schalen kaufen.

1 Zitrone
Schnittlauch
Kerbel
Estragon

Wie Kerbel in kleinen Töpfchen erhältlich. Alle Kräuter in Töpfen eignen sich prima für einen kleinen Kräutervorrat.

Kresse

Die kleinblättrige Gartenkresse gibt's meist als Mini-Beet zu kaufen. Die großblättrige Brunnenkresse als Bund. Beide kann man gut miteinander mischen.

Schalotte
Weißwein (trocken)
500 g Spargel

Spargel mit glatten, saftigen Schnittstellen wählen, Klasse Extra oder 1. Sehr dekorativ: Zwei Sorten, weißer Spargel mit seinem feinen, grüner mit seinem kräftigwürzigen Geschmack. Saison in Deutschland: Von Ende April bis Ende Juni (nur weißer Spargel). Grüner Spargel wird importiert.

ZUTATEN

Für 2 Portionen

10 Zweige Kerbel
10 Zweige Estragon
½ Beet Gartenkresse
1 Bund Schnittlauch
½ Schalotte
1 Zitrone
150 g Shrimps
250 g grüner Spargel
250 g weißer Spargel
2 EL Essig
2 EL Weißwein
3 EL Olivenöl
Salz, Pfeffer

1. Kerbel und Estragon zupfen, Kresse vom Beet schneiden. Den Schnittlauch in Röllchen schneiden und die Schalotte fein würfeln.

2. Feingeschnittene Kräuter mit den Schalottenwürfeln sowie 1 EL Zitronensaft mischen.

3. Die Shrimps gut in dieser aromatischen Kräutermischung wälzen und einige Zeit durchziehen lassen.

4. Grünen Spargel nur am weißen Ende schälen. Weißen Spargel ganz schälen, dabei ½ cm unterhalb des Spargelkopfes beginnen.

5. Weißen Spargel in kochendem Salzwasser 5 Minuten, grünen Spargel nur 3 Minuten garen. Herausheben, eiskalt abschrecken und gut abtropfen lassen.

6. Essig, Wein, Salz, Pfeffer und Öl mit einem Schneebesen zu einem Dressing verrühren. Spargel und marinierte Shrimps auf Teller plazieren, Dressing darüberträufeln.

SPARGELSUPPE

1. Spargelschalen und -enden in ¼ l leicht gesalzenem Wasser auskochen. Spargelwasser in einen zweiten Topf seihen.

2. Ein Eigelb mit 2 EL Crème fraîche verquirlen und unter das Spargelwasser rühren. Nicht mehr kochen, sonst gerinnt das Eigelb!

3. 3 EL gehackte Kräuter (Kerbel, Kresse und Estragon) zugeben, alles pürieren und mit Zitronensaft sowie wenig Salz abschmecken.

Meine Tips und Tricks

— Weinempfehlung: Ein Weißburgunder oder Grüner Veltliner. Ganz edel: Stiller Champagne-Wein.
— Bei den meisten Spargelsorten wurde der leicht bittere Geschmack weggezüchtet. Nur der bläulich-violette hat mitunter noch einen Bitterton, den man durch einen Teelöffel Zucker im Kochwasser mildern kann. Bei diesem Rezept beide Sorten ohne Zucker garen, denn Zucker und Shrimps beißen sich.
— Besonders aromatisch schmeckt dieser Salat, wenn man ihn nicht ganz kalt serviert. Die Shrimps dürfen nicht direkt aus dem Kühlschrank kommen, sondern sollten Zimmertemperatur haben, damit ihr Eigengeschmack richtig zur Geltung kommt.
— Der Spargel kann auch vor dem Anrichten in 3 - 4 cm lange, mundgerechte Bissen zerteilt werden.

— Als exklusive Dekoration kann man einen Eßlöffel Lachskaviarperlen (gesalzenen Rogen vom Lachs) über die Spargelstangen geben.
— Sehr gut passen auch Soja- oder Mungobohnensprossen dazu. Beide sind reich an hochwertigem pflanzlichen Eiweiß.
— Statt Shrimps kleine, in mäßig heißer Butter geschwenkte Tintenfische dazu reichen oder den Spargel mit gekochten, halbierten Wachteleiern und frischer saurer Sahne anrichten.
— Vegetarische Alternative: Gekochte Kichererbsen und gedünstete, mit Kräutern aromatisierte Pilze (Pfifferlinge) über den Spargel geben.

Gemischter Salat mit Fischfiletstreifen

GERÄTE

Kochtopf
Pfanne
Schälchen
Sparschäler
Bratenwender

ZEIT

Vorbereitung:
ca. 10 Minuten

Zubereitung:
ca. 15 Minuten

NÄHRWERT

pro Portion

Kalorien (kcal):	420
Joule (kJ):	1760
Eiweiß (g):	19
Fett (g):	30
Kohlenhydrate (g):	13

VORBEREITUNG

1. Wurzelansatz und dunkelgrüne Blätter von den Lauchzwiebeln abschneiden. Äußere beschädigte Blattschicht entfernen, so daß nur das zarte, fast weiße Herz übrigbleibt.
2. Zucchini und Aubergine waschen.
3. Zucchini-Enden abschneiden.
4. Blattkranz und Stiel von der Aubergine abschneiden.
5. Essig mit wenig Salz, Pfeffer und 2 EL Olivenöl zu einem Dressing verrühren. Tip: Erst kurz vor dem Servieren Kerbel zupfen und Schnittlauch in Röllchen schneiden, sonst werden die Kräuter trocken.

Arbeitsablauf: Für ein größeres Menü einige Stunden vor dem Anrichten die Zuckerschoten blanchieren, abschrekken und abtropfen lassen. Übrige Zutaten, bis auf den Fisch, vorbereiten. Zum Schluß den Fisch braten, alles anrichten, mit dem Dressing beträufeln und mit Kräutern bestreuen.

EINKAUF

1 Portion Fischfilet

Preiswerte Sorten: Rotzungenfilet und Schollenfilet. Teure Variante: Seezungenfilet oder Baby-Steinbuttfilet. Alle haben zartes, festes und weißes Fleisch, sind eiweißreich und fettarm.

8 Zuckerschoten

Zuckerschoten (Kaiserschoten, Zuckererbsen), eine süßlich-zarte Erbsensorte, haben flache Schoten ohne zähe Innenhaut. Sie werden als ganze Schote zubereitet und gegessen. Das Palen (Enthülsen) entfällt.

4 Lauchzwiebeln

Zarte, nur kurz lagerfähige Zwiebelsorte (Frühlingszwiebeln) mit Grün.

1 kleine Zucchini

Kleine, feste Zucchini sind besonders zart. Es fällt kaum Abfall an, da sie nicht geschält werden müssen.

1 kleine Aubergine

Bester Kauf: Schmale, glatte, glänzende Früchte mit dunkelvioletter Schale und knackig-grünem Blattkranz am Stiel.

Kerbel
Schnittlauch
Olivenöl

ZUTATEN

Für 2 Portionen

8 Zuckerschoten
4 Lauchzwiebeln
1 Aubergine (150 g)
1 Zucchini (125 g)
4 EL Olivenöl
200 g Fischfilet
1 EL Butter (20 g)
1 EL Essig
4 Zweige Kerbel
6 Stengel Schnittlauch
Salz, Pfeffer

Garniervorschlag:
Ein Kräutersträußchen, zum Beispiel Brunnenkresse.

1. Erbsen am Stielansatz ein-schneiden und die Fäden entlang der Schote abziehen. Die Schoten dann in sprudelnd kochendes Salzwasser schütten.

2. Etwa 2 Minuten blanchieren, dann kalt abschrecken und gut abtropfen lassen. Lauchzwiebel-herzen längs in dünne Scheiben schneiden.

3. Auberginen quer, Zucchini längs in dünne Scheiben schneiden. In 2 EL Öl bei mittlerer Hitze ganz kurz von jeder Seite anbraten.

4. Kochplatte auf geringe Hitze zurückschalten. Das Fischfilet in 6-8 cm breite Streifen schneiden. 1 EL Butter in die Pfanne geben.

5. Fischstreifen in die mäßig heiße Butter legen und von jeder Seite etwa eine halbe Minute goldbraun braten. Leicht salzen.

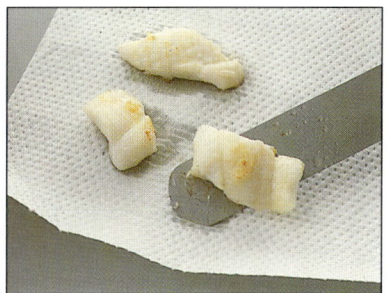

6. Die gebratenen Fischstücke auf ein Stück Küchenrollenpapier legen, damit überschüssiges Fett aufgesaugt werden kann.

MARINIERTES GEMÜSE

1. Je eine kleine Zucchini und Aubergine in Scheiben schneiden und wie oben beschrieben braten. Auf Küchenpapier legen, um über-schüssiges Fett aufzusaugen.

2. Eine zerdrückte Knoblauch-zehe, 2 EL feingehackte Kräuter, 3 EL Essig, eine Prise Salz und Pfeffer sowie 6 EL Öl miteinander verrühren.

3. Die gebratenen Auberginen- und Zucchinischeiben damit mari-nieren. Etwa 3-4 Stunden lang durchziehen lassen. Mit Baguette als Vorspeise servieren.

Meine Tips und Tricks

— Weinempfehlung: Ein Frankenwein (Silvaner) oder ein weißer, trockener Nahe-Wein.

— Ein leichter Salat, zu dem außer Kerbel und Schnittlauch auch kleine Sträußchen von Brunnen-kresse sehr gut passen. Brunnenkresse ist reich an Vitaminen und Mineralstoffen. Am besten schmecken die jungen, zarten Blätter.

— Das Fischfilet muß in breite Streifen geschnitten werden, da es sich beim Braten zusammenzieht.

— Einen interessanten Geschmack erhält das Dres-sing, wenn man dafür einen feinaromatischen Sherry-Essig verwendet.

— Statt Auberginen und Zucchini einen Bund Portu-lak (erfrischendes Würzkraut mit leicht salzigem Geschmack) und einen Blattsalat, z. B. Lollo Rosso verwenden. Dazu als Feinschmecker-Alternative: Mit hauchdünn geschnittenen Fischfiletscheiben (Lachs, Thunfisch) anrichten und wenig frischen Meerrettich darüberhobeln.

Feldsalat mit Äpfeln und Geflügelleber

GERÄTE

Pfanne
Rührschüssel
Schälchen
Bratenwender oder ein
dünnes, abgerundetes
Pfannenmesser (Palette)
Schneebesen
evtl. Kugelausstecher

ZEIT

Vorbereitung:
ca. 10 Minuten

Zubereitung:
ca. 20 Minuten

NÄHRWERT

pro Portion

Kalorien (kcal):	310
Joule (kJ):	1300
Eiweiß (g):	16
Fett (g):	16
Kohlenhydrate (g):	24

VORBEREITUNG

1. Äpfel gut waschen und abtrocknen.
2. Feldsalat verlesen und den Wurzelansatz entfernen. Erst kurz vor dem Servieren waschen, sonst laugt er aus.
3. Schalotte und Knoblauchzehe sehr fein würfeln (hacken).
Kräuter erst kurz vor dem Zubereiten des Dressings zerkleinern, sonst werden sie trocken.
Arbeitsablauf: Für ein großes Menü das Dressing vorbereiten und die Äpfel wenige Sekunden in etwas Zitronenwasser blanchieren. Leber in Scheiben schneiden und mit Frischhaltefolie abdecken. Erst kurz vor dem Servieren braten.

EINKAUF

125 g Geflügelleber

Beste Wahl: Die zarte Putenleber. Alternative: Hähnchenleber. Beide sind sehr eiweiß- und mineralstoffreich. Beim Geflügelhändler oder an den Frischgeflügel-Theken der Kaufhäuser erhältlich.

2 kleine Äpfel

Beste Wahl: Eine säuerlich-erfrischende Sorte (Gravensteiner, James Grieve, Jonathan oder Boskop). Sehr dekorativ: Unterschiedliche Schalenfarben.

1 Zitrone

150 g Feldsalat

Auch Ackersalat, Rapunzel oder Nüßlisalat genannt. Feldsalat hat dunkelgrüne Blattbüschel mit nußartigem Geschmack, ist reich an Vitamin C und Mineralstoffen (vor allem Kalium). Je größer die Einzelpflanze, desto geschmacksintensiver.

Schalotte
Knoblauch
Petersilie

Petersilie mit glatten Blättern hat ein kräftigeres Aroma als krause.

Kerbel

Schnittlauch
Sherry-Essig

Kann man selbst zubereiten, siehe übernächste Seite.

Weißwein

ZUTATEN

Für 2 Portionen

1 roter Apfel (150 g)
1 grüner Apfel (150 g)
1 Zitrone
150 g Feldsalat
1 EL Sherry-Essig
1 EL Weißwein
½ Schalotte (15 g)
½ Knoblauchzehe
3 EL Öl
4 Zweige Kerbel
4 Stiele Petersilie
4 Stengel Schnittlauch
125 g Geflügelleber
1 TL Butter (5 g)
Salz

Garniervorschlag:
Gehackte Walnußkerne und einige Apfelkugeln.

1. Äpfel vierteln, mit einem Messer oder einem Kugelausstecher das Kerngehäuse entfernen und die Äpfel in dünne Scheiben schneiden. Mit Zitronensaft beträufeln.

2. Feldsalat verlesen, waschen und abtropfen lassen. Essig, Weißwein, Salz, Schalotte, Knoblauch undd 2 EL Öl zu einem Dressing verrühren.

3. Kerbel zupfen, Petersilie hacken und Schnittlauch in feine Röllchen schneiden. Dann das Dressing mit den Kräutern vermischen und abschmecken.

4. Die Leber ganz vorsichtig schräg in dünne Scheiben oder Streifen schneiden.

5. Sorgfältig mit Küchenpapier trockentupfen. 1 EL Öl in einer Pfanne erhitzen, 1 TL Butter zugeben und schmelzen lassen.

6. Leber darin ganz kurz von jeder Seite braten, leicht salzen. Mit den übrigen Zutaten anrichten.

HIMBEER-ESSIG

1. 50 g ungewaschene, verlesene Himbeeren und ein Stück weißen Kandiszucker in eine klare, farblose Flasche geben.

2. 0,1 l guten Weißweinessig dazuschütten und die Flasche mit einem Korken verschließen.

3. Im Sommer an einem sonnigen Platz, im Winter in Heizungsnähe stehenlassen, bis der Essig rosa ist. Filtern, Himbeeren wegwerfen.

SHERRY-ESSIG

1. 1/8 l Sherry in eine Flasche schütten und zwei EL Essigessenz (20 Prozent) zugeben.

2. Flasche verkorken, einmal schütteln und etwa drei Wochen stehenlassen.

3. Im Sommer einen sonnigen Platz, im Winter einen Platz an der Heizung dafür auswählen.

Meine Tips und Tricks

— Weinempfehlung: Ein vollmundiger, gut gekühlter Weißherbst (Rosé).
— Die Geflügelleber sollte lauwarm sein, sie bildet dann einen feinen Kontrast zu Feldsalat und Äpfeln.
— Gehackte Walnüsse, als Garnierung über den Salat gestreut, verstärken den leichten Nußgeschmack des Feldsalates.
— Die Äpfel können kurz in kochendem Zitronenwasser blanchiert werden. Das macht sie zarter.
— Sehr fein wird das Dressing, wenn man es mit je einem Teelöffel Himbeer- und Sherry-Essig, sowie einem Eßlöffel Weißwein und Olivenöl zubereitet.

— Eine besondere Note bekommt die Leber, wenn man vorher die dünne Haut abzieht und die Leberscheiben 15 Minuten mit 2 EL Portwein mariniert.
— Exzellente Alternative zur Putenleber sind Gänse-, Enten- und Kalbsleber. Sie sind besonders zart und erhöhen den Genuß.
— Statt mit Leber kann der Salat auch mit gebratener Hähnchen-, Poularden- oder Entenbrust gereicht werden.
— Dieser Salat schmeckt auch mit sehr jungem Blattspinat und Friséesalat ausgezeichnet. Spinatblätter wie Feldsalat verlesen, Stiele abzupfen.

Verschiedene Blattsalate mit rosa gebratener Geflügelbrust

GERÄTE
Pfanne
Sieb
Rührschüssel
Schälchen
Bratenwender oder
dünnes, abgerundetes
Pfannenmesser (Palette)
Schneebesen
Küchenschere

ZEIT
Vorbereitung:
ca. 10 Minuten
Zubereitung:
ca. 15 Minuten

NÄHRWERT
pro Portion

Kalorien (kcal):	230
Joule (kJ):	960
Eiweiß (g):	14
Fett (g):	16
Kohlenhydrate (g):	3

VORBEREITUNG

1. Schalotte und Knoblauchzehe fein würfeln.
2. Kresse erst kurz vor der Verwendung vom Beet schneiden. Dann auch die Petersilie hakken und den Schnittlauch in Röllchen schneiden. Sonst laugen die Kräuter aus.
3. Salatkopf festhalten und mit der anderen Hand den Strunk unter Drehen herausbrechen. Salatblätter verlesen. Beide Salate werden sehr schnell welk. Am besten sofort verarbeiten und servieren.
Arbeitsablauf: Zuerst Salat waschen, dann Geflügelbrust braten. Während sie ruht das Dressing zubereiten. Die Geflügelbrust sollte warm serviert werden. Wichtig: Nur ganz frisches Geflügel sollte rosa gebraten werden! Im Zweifelsfall immer durchbraten; denn gesundheitsschädigende Bakterlen (Salmonellen) werden ab einer Temperatur von 80°C abgetötet.

EINKAUF

1 Geflügelbrust

Geflügelbrusthälften kann man einzeln (ausgelöst) fertig abgepackt kaufen. Sonst beim Geflügelhändler eine Hähnchen- oder Poulardenbrust verlangen. Die beiden Hälften vom Brustknochen ablösen lassen.

Schalotte

Knoblauch

Kresse

Kresse ist reich an Vitamin C und wird meist als Mini-Beet angeboten (Gartenkresse). Die großblättrige Brunnenkresse ist seltener im Handcl.

Glatte Petersilie

Schnittlauch

1 kleiner Friséesalat

Frisée (krause Endivie) ist leicht an den stark geschlitzten Blättern und dem hellgrünen bis zartgelben "Salatherz" zu erkennen. Sehr vitamin- und mineralstoffhaltig. Alternative: Glatte Endivie (Eskariol).

1 kleiner Eichblattsalat

Erinnert in seiner Blattform an Eichenblätter. Leicht nußartiger, frischer Geschmack. Variante: Einen anderen Blattsalat oder nur eine Salatsorte für dieses Rezept kaufen.

Sherry-Essig

Alternative: Ein guter, aromatischer Weinessig.

Olivenöl

ZUTATEN
Für 4 Portionen

1 TL Öl

1 TL Butter (5 g)

2 Geflügelbrusthälften (ca. 250 g)

2 EL Sherry-Essig

4 EL Olivenöl

1 Schalotte

½ Knoblauchzehe

½ Beet Kresse

4 Stiele Petersilie

6 Stengel Schnittlauch

1 Friséesalat (250 g)

1 Eichblattsalat (250 g)

Salz, Pfeffer

1. Bei mittlerer Hitze 1 TL Öl erhitzen, 1 TL Butter zugeben und die Geflügelbrust darin von jeder Seite eine halbe Minute braten.

2. Herausnehmen und 1 Minute auf einem vorgewärmten Teller ruhen lassen. Einmal wenden, dann schräg in 1 cm dicke Scheiben schneiden.

3. Essig, Salz, Pfeffer, Schalotte, Knoblauch und Öl zu einem Dressing verrühren. Abschmekken, feingeschnittene Kräuter untermischen.

4. Geflügelbrust auf Teller plazieren, ausgetretenen Bratensaft mit etwas Dressing würzen und über das Fleisch träufeln.

5. Verlesene Salate waschen und abtropfen lassen. Lose in ein Geschirrtuch einschlagen und trockenschleudern.

6. Die Salate in das übrige Dressing geben, kurz durchmischen, damit sie gut damit benetzt sind, gut abgetropft anrichten.

Meine Tips und Tricks

— Weinempfehlung: Ein trockener Rosé. Ganz ausgezeichnet schmeckt z. B. ein Côte de Provence.
— Wenn die Geflügelbrust eine Haut hat, kann man diese sehr gut zum Garnieren verwenden. Dazu die abgelöste Haut in Streifen schneiden und kurz in der Pfanne knusprig braun braten.
— Frisée hat manchmal einen bitteren Geschmack. Das kann man etwas mildern, indem man den Salat lauwarm wäscht.
— Die Blattsalate kann man auch mit rosa gebratener Entenbrust servieren.
— Ganz leicht läßt sich dieser Salat in einen sogenannten "Salade Mesclin" verwandeln, indem man zwei Bund weißen oder grünen Löwenzahn hinzugibt. Die typisch gezahnten Blätter haben einen würzigen, zartbitteren Geschmack. Größere Blätter schmecken intensiver, kleinere milder und leicht süßlich. Die Frische erkennt man am austretenden milchigen Saft an den Schnittstellen.
— Als Würzkraut gehört auch ein Bund Porlulak in diesen Salat. Der kühle, erfrischende und leicht salzige Geschmack der fleischigen Blätter verleiht ihm ein unverwechselbares Aroma.
— Feinschmecker-Variation: Eine Wildgeflügelbrust rosa braten und mit einer Aufschnittmaschine in dünne Scheiben schneiden. Den Friséesalat ganz kurz in heißer Butter schwenken, die Geflügelbrustscheiben darauf anrichten und den ausgetretenen Fleischsaft darüberträufeln.

Kalte und warme Vorspeisen

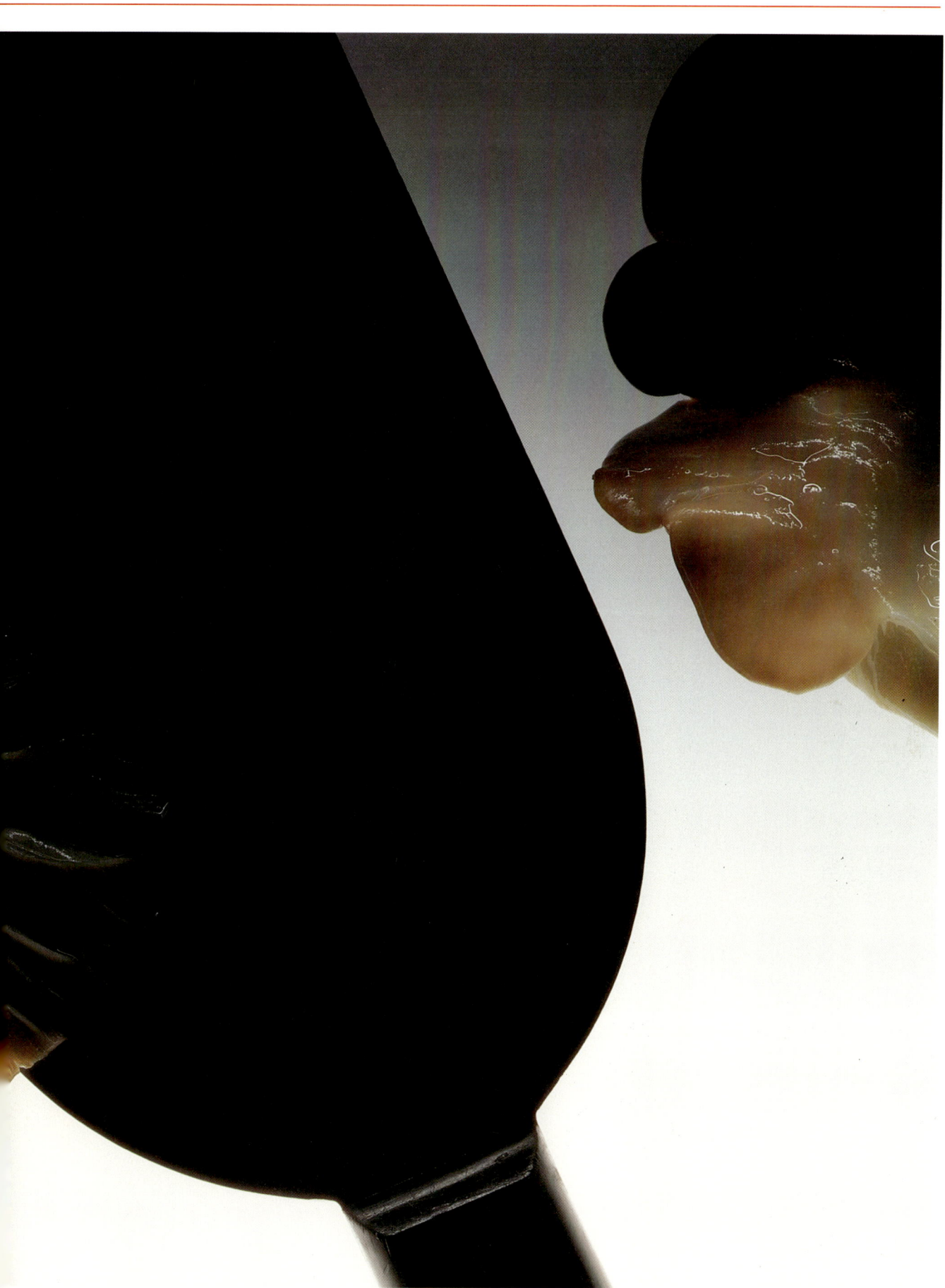

Klares Tomatengelee mit Basilikum

GERÄTE

Handrührgerät mit
Pürierstab oder Mixer
Schnellkochtopf
Kochtopf
Litermaß
Rührschüssel
Sieb
Schöpfkelle

ZEIT

Vorbereitung:
ca. 35 Minuten

Zubereitung:
ca. 1 Stunde 40 Minuten,
davon 1 Stunde reine
Kühlzeit

NÄHRWERT
pro Portion

Kalorien (kcal):	170
Joule (kJ):	710
Eiweiß (g):	17
Fett (g):	3
Kohlenhydrate (g):	17

VORBEREITUNG

1. Suppengemüse
gründlich waschen und in
grobe Stücke schneiden.
2. Schalotte fein würfeln.
3. Gemüse und Schalot-
te mit $\frac{1}{4}$ l Wasser in einen
Topf geben. Zugedeckt
bei geringer Hitze ca. 25
Minuten köcheln lassen.
4. Gemüsebrühe durch
ein Sieb gießen, aus-
gelaugtes Gemüse weg-
werfen.
5. Gelatine in kaltem
Wasser einweichen.
6. Tomaten in Stücke
schneiden, eine halbe
Tomate entkernen und
fein würfeln.
Tip: Der ausgedrückte,
geformte Hüttenkäse läßt
sich besser schneiden,
wenn er vorher etwa
15 Minuten in das Gefrierfach gelegt wird.
Das Tomatengelee läßt
sich sehr gut am Vortag
zubereiten. Dann kann es
über Nacht im Kühl-
schrank erstarren.

EINKAUF

1 Bund Suppengemüse

Schalotte

3 mittelgroße Tomaten

Beste Wahl: Sonnenge-
reifte Freilandtomaten.
Variante: Ausschließlich
Tomaten aus der Dose
verwenden.

Basilikum

Basilikum ist das ideale
Würzkraut für alle Toma-
tengerichte. Gibt's frisch
als Bund oder in kleinen
Töpfen zu kaufen.

1 kleine Dose Tomaten

Geschälte Tomaten aus
der Dose sind sehr aro-
matisch.

Tomatenmark

Eine kleine Dose oder
Tube. Beste Wahl: Mehr-
fach konzentriertes italie-
nisches Tomatenmark.

1 Ei

Weiße Blattgelatine

1 Paket Hüttenkäse

Hüttenkäse ist ein körni-
ger Frischkäse. Quark-
ähnlich und sehr mild im
Geschmack.

ZUTATEN

Für 2 Portionen

Gemüsebrühe

1 Bund Suppengemüse

1 Schalotte

$\frac{1}{4}$ l Wasser

Tomatengelee

100 g Hüttenkäse

150 g Tomaten

*$\frac{1}{2}$ Dose geschälte
Tomaten (ca. 150 g)*

1 Eiweiß

1 EL Tomatenmark

$\frac{1}{4}$ l Gemüsebrühe

3 Blatt weiße Gelatine

1 Zweig Basilikum

Salz

1. Den Hüttenkäse in ein Geschirrtuch geben und kräftig ausdrücken. Es soll eine trockene, krümelige Masse entstehen.

2. Den ausgedrückten Käse zu einer zigarrenförmigen Rolle verarbeiten. Eventuell kurz anfrieren, dann vorsichtig in Scheiben schneiden und kühl stellen.

3. Tomaten mit Eiweiß und Tomatenmark mischen, leicht salzen und pürieren. Gemüsebrühe angießen und alles unter Rühren aufkochen lassen.

4. In ein mit einem Tuch ausgelegtes Sieb schütten, die durch Eiweiß gebundenen Trübstoffe auspressen. Mit Salz abschmecken.

5. Ausgedrückte Gelatine in der heißen Brühe auflösen. Etwas Brühe, einige Tomatenwürfel, Basilikum und 1-2 Stücke Käse in 2 Glasschalen geben. Kühl stellen.

6. Wenn das Gelee erstarrt ist, übrige (kalte) Brühe dazugeben. Etwa 1 Stunde zum Erstarren in den Kühlschrank stellen.

TOMATENSUPPE

1. Eine gewürfelte Schalotte und eine zerdrückte Knoblauchzehe in 1 TL heißer Butter andünsten. 2 EL Tomatenmark zugeben und kurz mitdünsten. Eine kleine Dose Tomaten mit Saft untermischen und aufkochen.

2. Kurz durchkochen lassen, die Tomatensuppe nach Belieben durch ein feines Sieb geben und mit Salz sowie etwas Gin abschmecken.

3. Blättchen von 5 Zweigen Basilikum abzupfen und fein schneiden. ⅛ l Sahne steif schlagen, mit einer Prise Salz, etwas Gin und dem feingeschnittenen Basilikum abschmecken. Zur Tomatensuppe servieren.

Meine Tips und Tricks

— Einen ganz besonderen Geschmack bekommt das Gelee, wenn man die Tomatenflüssigkeit mit einem Teelöffel Gin abschmeckt.
— Raffinierte Variation: Anstelle von Hüttenkäse Caprinokäse verwenden. Das ist ein italienischer Frischkäse, der aus Ziegenmilch hergestellt wird — leider nur selten bei uns erhältlich.

— Tomatengelee mit einem frischen Salat oder zu einer Mousse von Räucherforelle servieren.
— Eventuell übrigen Frischkäse auf Schwarzbrotscheiben streichen, mit Schnittlauchröllchen bestreuen.
— Das Gelee statt mit Tomaten mal mit anderem Gemüse wie Möhren, Sellerie, Staudensellerie oder milden Zwiebeln zubereiten.

Gemüseterrine

ZEIT

Vorbereitung:
ca. 30 Minuten

Zubereitung:
ca. 6 ½ Stunden, davon
6 Stunden reine Kühlzeit

NÄHRWERT
pro Portion

Kalorien (kcal): 160
Joule (kJ):   670
Eiweiß (g):   9
Fett (g):   11
Kohlenhydrate (g): 7

VORBEREITUNG

Terrine wegen der langen Kühlzeit am besten einen Tag vorher zubereiten.
1. Möhren, Kohlrabi und weißen Spargel schälen. Grünen Spargel nur am weißen Ende schälen. Selleriestangen am Wurzelansatz abschneiden. Blätter entfernen und grobe Fasern von den Stangen abziehen.
2. Kohlrabi in Stifte schneiden.
3. Vom Lauch dunkelgrüne Blätter und Wurzelansatz abschneiden.
4. Gemüse sortenweise in leicht gesalzenem, kochendem Wasser garen.

Weißer Spargel 18 Min.
Kohlrabi   12 Min.
Möhren   12 Min.
Grüner Spargel 10 Min.
Staudensellerie 10 Min.
Lauch   5 Min.

5. In eiskaltem Wasser abschrecken und abkühlen lassen.
6. Gut abtropfen lassen, mit Küchenpapier abtrocknen.
7. Käse in kleine Würfel schneiden.
8. Lauch längs einschneiden, Blattschichten auffächern.
Tip: Basilikumpaste in zwei Partien zubereiten, wenn nicht alles in den Zerkleinerer paßt.

EINKAUF

5 — 6 dünne Möhren

1 Staudensellerie

Auch als Bleich- oder Stangensellerie bekannt. Nur als ganze Staude erhältlich, mit knackigfrischen grünen Stangen, die in einem zart- bis kräftiggrünen Blattgekräusel enden.

1 kleiner Kohlrabi

Junger Kohlrabi ist am zartesten, älterer oft holzig und hat dementsprechend viel Abfall.

500 g Spargel

Beste Wahl: Grüner und weißer Spargel (halb und halb) mit festen Köpfen und frischen Schnittstellen. Alternative: Nur weißen Spargel verwenden.

1 große Stange Lauch

Basilikum

Als Bund oder in kleinen Töpfen erhältlich. Die grünen Blättchen haben ein süßlich-scharfes Aroma.

125 g Pinienkerne

Schalenlose, weiße, stiftförmige Samenkerne der in Mittelmeerländern beheimateten Pinie. Mit mandelähnlichem Geschmack.

125 g Hartkäse

Beste Wahl: Peccorino, ein italienischer Hartkäse aus Schafsmilch. Alternative: Milder Hartkäse, z. B. alter Gouda.

Olivenöl

ZUTATEN
Für 10 — 12 Portionen

250 g Möhren

300 g Kohlrabi

250 g weißer Spargel

250 g grüner Spargel

250 g Staudensellerie

1 Stange Lauch (250 g)

1 großes Bund oder

2 Töpfchen Basilikum

125 g Pinienkerne

2 EL Olivenöl

125 g Hartkäse

Salz, Pfeffer

Garniervorschlag:
Tomaten, grobes Meersalz, Basilikum

GERÄTE

2 Kochtöpfe
Zerkleinerer oder Mixer
Schaumkelle
kleine Kastenkuchenform (etwa 1 l Inhalt)
Frischhaltefolie

1. Basilikumblättchen, Pinien-kerne, Olivenöl und Käse in einen Zerkleinerer geben. Leicht salzen, pfeffern und zu einer feinen grünen Paste verarbeiten.

2. Eine Terrinen- oder Pasteten-form mit Klarsichtfolie auslegen. Wände und Boden der Form mit den aufgefächerten Lauchblättern auskleiden.

3. Das vorbereitete, gekochte Ge-müse gleichmäßig mit der Paste bestreichen und farblich abgestuft mit der restlichen Basilikumpaste in die Form schichten.

4. Die Basilikumpaste gut in die Zwischenräume der geschich-teten Gemüsesorten drücken. Das Gemüse mit Lauchstreifen bedecken.

5. Die Folie darüberschlagen, die Terrine mit einem passenden Gegenstand beschweren und mindestens 6 Stunden lang im Kühlschrank durchziehen lassen.

6. Folie öffnen, Form vorsichtig stürzen. Die Folie vollständig abziehen und die Terrine mit einem scharfen Messer in Schei-ben schneiden.

Meine Tips und Tricks

— Weinempfehlung: Ideal paßt dazu ein trockener Riesling-Sekt oder Champagner.
— Die Basilikumpaste ist der besondere Kniff dieser Terrinenzubereitung und dient als Geschmacksgeber und Bindung zugleich. Man kann zusätzlich noch einige Tropfen Knoblauchöl zur Basilikumpaste geben, das erhöht den Geschmacksgenuß.
— Wichtig: Das Beschweren der Terrine. Am besten mit einem Brettchen in passender Größe als Unter-lage (Holzbrettchen, in Folie gewickelte feste Pappe oder eine zweite Form) und einem schweren Gewicht (z. B. Konservendosen). Dadurch wird die Paste in alle Zwischenräume der Terrine gedrückt, und es entsteht bei guter Kühlung eine feste Bindung.

— Dazu serviert man Viertel oder Streifen von abge-zogenen, entkernten Tomaten, die mit grobem Meersalz (aromatischer als einfaches Salz) gewürzt werden.
— Alternative: Nur eine Gemüsesorte verwenden oder das Gemüse kleiner schneiden und in Portions-förmchen schichten. Diese kleinen Portionen können auch vorsichtig eingefroren werden. Dann jedoch sobald wie möglich verwenden und am besten über Nacht im Kühlschrank auftauen lassen. Kleine Por-tionsterrinen sind übrigens ein ideales Appetithäpp-chen, auch als Amuse gueule bekannt.

Lachstatar

GERÄTE

Rührschüssel
Mörser oder Schöpfkelle
Pinzette
Zitronenpresse

ZEIT

Vorbereitung:
ca. 5 Minuten
Zubereitung:
ca. 15 Minuten

NÄHRWERT

pro Portion

Kalorien (kcal):	270
Joule (kJ):	1130
Eiweiß (g):	17
Fett (g):	13
Kohlenhydrate (g):	16

VORBEREITUNG

Kräuter waschen und mit Küchenpapier trockentupfen. Senfkörner in einem Mörser zerdrücken oder auf ein Brettchen legen und mit einer Schöpfkelle darüberwalzen.
Arbeitsablauf: Für ein Menü Lachs vorbereiten und mit Folie abgedeckt kühl stellen. Erst kurz vor dem Servieren würzen und abschmecken.

EINKAUF

150 g Lachsfilet

Lachs (Salm) zählt mit seinem kräftig orange- bis hellroten, relativ fetten, aber grätenarmen Fleisch zu den edelsten Fischen. Für dieses Rezept wird das schiere Filet ohne Mittelgräte und Haut benötigt. Wie beim Fleischtatar wird der Lachs roh verarbeitet und gegessen. Der Fisch muß deshalb frisch sein. Dunkelbraune Fettschicht entfernen lassen.

Dill
Schnittlauch
Glatte Petersilie

Glatte Petersilie hat ein kräftigeres Aroma als die krause.

Schalotte

1 Zitrone

Alternative: Die zitronenähnliche Limette mit grüner Schale und kernlosem, sehr saftigem Fruchtfleisch.

Senfkörner

Die gelblichbraunen Senfkörner enthalten viel Eiweiß. Getrocknet erhältlich.

Schwarzbrot

ZUTATEN

Für 2 Portionen

150 g Lachsfilet
½ TL Senfkörner
1 TL Öl
1 Zitrone
1 Zweig Dill
5 Stengel Schnittlauch
2 Stiele glatte Petersilie
1 Schalotte (25 g)
2 Scheiben Schwarzbrot
(ca. 60 g)
Salz, Pfeffer

Garniervorschlag:
Dill, Schnittlauch, Petersilie, einige Senfkörner, Limetten- oder Zitronenscheiben.

1. Mit Hilfe einer Pinzette die eventuell vorhandenen Gräten aus dem Lachsfilet herausziehen.

2. Das Lachsfilet zunächst in dünne Scheiben und dann in feine Streifen schneiden.

3. Die Lachsstreifen sehr fein würfeln, leicht salzen und mit zerdrückten Senfkörnern mischen.

4. Mit je 1 TL Öl sowie Zitronensaft würzen und abschmecken.

5. Dill, Schnittlauch und glatte Petersilie fein schneiden, Schalotte fein würfeln.

6. Kräuter und Schalotte zum Lachs geben, untermischen und abschmecken.

Meine Tips und Tricks

— Weinempfehlung: Ein gut gekühlter Blanc de Blancs oder ein trockener Weißburgunder. Ganz ausgezeichnet schmeckt auch ein Grüner Veltliner.
— Außer Schwarzbrotecken, die auch getoastet ausgezeichnet schmecken, passen sowohl aufgebackene Baguette, Vollkorntoast oder Brötchen dazu.
— Besonders fein wird dieses Gericht, wenn man dazu frisch gekochte, halbierte Wachteleier reicht. Sie werden wie Hühnereier am stumpfen Ende angepiekt und 2 Minuten 20 Sekunden gekocht.
— Feinschmeckervariante: Das Tatar mit rohem Thunfisch-, Seeteufel- oder Douradenfilet zubereiten. Nur frischeste Ware dazu verwenden!

— Als Garnierung für das sehr feine und delikate Lachstatar eignen sich auch gezupfte Blättchen von frisch gekeimten Sprossen. Es sieht nämlich sehr dekorativ aus, wenn man Blättchen mehrerer Farbschattierungen miteinander auf einem Teller arrangiert. Sprossen kann man sehr einfach selbst ziehen: Empfehlenswert sind sogenannte Keimschalen, die in Haushaltswarengeschäften erhältlich sind. Alternative: Etwas Watte mit Wasser tränken und auf einen Teller legen. Körner (z. B. Senf, Radieschen, Kresse) darüberstreuen und den Teller an einen warmen Ort oder auf die Fensterbank stellen. Nach ein bis zwei Tagen beginnen sie zu keimen.

Mousse von Räucherforelle

leicht gesalzene Toma-
tenviertel, in Scheiben
geschnittene, mit Zitro-
nensaft und Schnittlauch
marinierte Champignons
und Dill

GERÄTE

Handrührgerät mit Rühr-
besen und Pürierstab
2 Kochtöpfe
Litermaß
Rührschüssel
Sieb
Zitronenpresse
Runde oder eckige Terri-
nenform mit 1,2 l Inhalt

ZEIT

Vorbereitung:
ca. 30 Minuten

Zubereitung:
ca. 6 Stunden 20 Minu-
ten, davon 6 Stunden
reine Kühlzeit

NÄHRWERT

pro Portion

Kalorien (kcal):	270
Joule (kJ):	1130
Eiweiß (g):	13
Fett (g):	19
Kohlenhydrate (g):	4

EINKAUF

4 Räucherforellenfilets

Möglichst frisch geräu-
cherte Filets ohne Mittelgräte und Kopf.

250 g Fischgräten

Fischgräten werden für
den Fischfond dieses
Rezeptes benötigt. Im
Fischgeschäft nach Grä-
ten (keine Haut und
Köpfe) von frischem
Lachs, Steinbutt, See-
zunge, Seelachs und
Rotbarsch fragen. Gibt's
vielleicht umsonst!

1 kleine Stange Lauch
1 mittelgroße Möhre
Petersilie

Ersatzweise 1 Bund
Suppengemüse nehmen.

Lorbeerblatt

Estragon

Als Bund oder in kleinen
Töpfen im Handel. Die-
ses Küchenkraut paßt
wie Dill sehr gut zu
Fischgerichten.

Dill
1 Zitrone
Weiße Blattgelatine
¼ l süße Sahne
Weißwein (trocken)

Für den Fischfond und
zum Abschmecken kann
man sehr gut Weinreste
verwerten.

ZUTATEN

Für 8 — 10 Portionen
Fischfond

250 g Fischgräten
¼ l Weißwein
¼ l Wasser
1 Stange Lauch (125 g)
1 Möhre (100 g)
½ Lorbeerblatt
3 Stiele Petersilie
2 Zweige Estragon

Mousse

500 g Forellenfilets
25 g Butter
25 g Mehl
⅓ l Fischfond
4 Blatt weiße Gelatine
2 EL trockener Weißwein
1 Zitrone
¼ l süße Sahne
1 Bund Dill
Salz

Garniervorschlag:
Kleine, halbierte Kirsch-
tomaten (kirschgroße,
süßlich-aromatische
Tomatensorte) oder

VORBEREITUNG

Wegen der langen Kühl-
zeit die Mousse am Vor-
tag zubereiten und über
Nacht im Kühlschrank
fest werden lassen.
1. Fischfond zubereiten:
Fischgräten mit je ¼ l
Weißwein und Wasser
aufkochen, abschäumen.
Lauch, gewürfelte Möhre,
Lorbeer und Kräuter
zugeben. 20 Minuten
köcheln lassen. Fond
abseihen, Reste wegwer-
fen. Fond etwas ein-
kochen, ⅓ l abmessen.
2. Gelatine in kaltem
Wasser einweichen.
3. Dill fein schneiden,
einige Zweige zum Aus-
legen der Form beiseite
legen.
4. Kalte Sahne in einer
vorgekühlten Schüssel
steif schlagen, kühl stellen.

1. Die Filetteile mit den haarfeinen Gräten unter der Rückenflosse ablösen. Übrige Filetteile von der Haut lösen und das Fleisch vorsichtig auseinanderzupfen.

2. Filetteile mit Gräten fein pürieren, das Püree durch ein feines Sieb streichen und mit dem übrigen Fischfilet mischen.

3. Butter erhitzen, Mehl einstreuen und kurz durchschwitzen lassen. Unter ständigem Rühren $\frac{1}{3}$ l Fischfond aufgießen und alles kurz durchkochen.

4. Gelatine in der heißen Sauce auflösen. Sauce und Fischfilet mischen, mit Salz, Wein und Zitronensaft würzen. Sahne und Dill unterheben.

5. Eine Terrinenform mit einigen Dillzweigen auslegen, die Mousse einfüllen, glattstreichen und für 6 Stunden kühl stellen.

6. Den Rand der Mousse vorsichtig mit einem Messer von der Form lösen. Formboden 5 Sekunden in heißes Wasser tauchen und die Mousse stürzen.

Meine Tips und Tricks

— Weinempfehlung: Ein Rotwein, z. B. ein Beaujolais Primeur oder ein Spätburgunder.

— Die Mousse von Räucherforelle läßt sich gut vorbereiten, wird vor dem Servieren nur gestürzt und wie eine Torte aufgeschnitten. Natürlich kann man sie auch in einer länglichen Kastenform zubereiten und nach dem Stürzen in Scheiben schneiden. Damit nicht so viele Reste am Messer hängenbleiben, hält man es für kurze Zeit in heißes Wasser. Dann gleitet die Messerklinge ganz leicht durch die Mousse.

— Diese zarte und leichte Mousse kann besonders raffiniert mit einer Messerspitze Salbei- und Korianderpulver (getrocknet in Feinkostgeschäften erhältlich) abgeschmeckt werden.

— Eventuell übrige Mousse hält sich, in Frischhaltefolie eingeschlagen, im Kühlschrank zwei bis drei Tage frisch. Mein Vorschlag: Mousse in kleine Portionsstücke schneiden und mit verschiedenen Salaten oder Gemüsen als kleine Appetithäppchen servieren.

— Die Mousse muß nicht unbedingt mit Räucherfisch zubereitet werden. Gut geeignet ist zum Beispiel auch milder Lachsschinken, leicht mit Majoran und Wacholder gewürzt. Eine äußerst schmackhafte Variante entsteht durch die Verwendung von mild geräucherter Poulardenbrust. Diese Mousse wird zart mit Piment- und Korianderpulver abgeschmeckt.

Carpaccio von Rinderfilet

GERÄTE

Gefriergerät
Frischhaltefolie
Gefrierbeutel oder
Gefrierfolienschlauch
Schälchen
großes breites Messer
oder glatter Holzklopfer
Küchenpinsel

ZEIT

Vorbereitung:
ca. 5 Minuten

Zubereitung:
ca. 1 $\frac{1}{4}$ Stunden,
davon 1 Stunde
Gefrierzeit

NÄHRWERT

pro Portion

Kalorien (kcal):	190
Joule (kJ):	800
Eiweiß (g):	10
Fett (g):	15
Kohlenhydrate (g):	1

VORBEREITUNG

Ein ausreichend großes
Stück Frischhaltefolie be-
reitlegen. Das Rinderfilet
wird in Folie eingewickelt
und eingefroren. So
behält es seine Form und
läßt sich dann einfacher
in sehr dünne Scheiben
schneiden. Am besten
geht das mit einem elek-
trischen Allesschneider
(Aufschnittmaschine).
Darauf achten, daß die
Schneidscheibe glatt und
nicht gezackt ist, sonst
wird das Fleisch zerfetzt.

EINKAUF

100 g Rinderfilet

Beste Wahl: Stumpfro-
tes, gut abgehangenes,
leicht marmoriertes (von
feinen Fettadern durch-
zogenes) Filet.
Ein Stück aus der Mitte
verlangen, damit die
Scheiben gleichmäßig
groß geschnitten werden
können.

4 Büschel Feldsalat

Feldsalat (auch Nüßli-,
Ackersalat oder Rapun-
zel) gibt's als kleine
Büschel mit dunkelgrü-
nen Blättchen zu kaufen.

Walnußkerne

Entweder ganze Nüsse
aus der frischen Ernte.
Oder vakuumverpackte
Kerne, die nicht ranzig
werden können.

Olivenöl

Grüner Pfeffer

Gibt es in Salzlake oder
Essiglösung eingelegt in
kleinen Gläsern oder
Dosen zu kaufen.

ZUTATEN

Für 2 Portionen

100 g Rinderfilet
2 EL Olivenöl
1 TL eingelegter grüner Pfeffer
4 Büschel Feldsalat
2 Walnußkerne (10 g)
Salz

1. Das Filet mit Küchenpapier trockentupfen und in Frischhaltefolie einrollen. Folie an den Enden fest zusammendrehen, damit das Filet in Form bleibt.

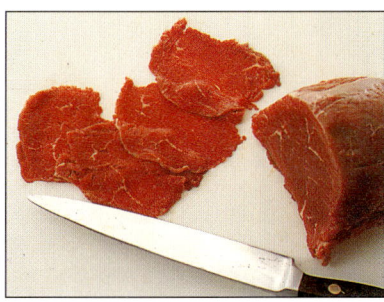

2. Etwa ein Stunde im Gefrierfach anfrieren lassen, zwischendurch wenden, damit das Filet gleichmäßig gefriert. Aus der Folie wickeln und in dünne Scheiben schneiden.

3. Die einzelen Scheiben zwischen zwei Blätter Gefrierfolie legen und vorsichtig mit einem großen, breiten Messer hauchdünn klopfen (plattieren).

4. Das Öl mit einer Prise Salz und dem grünen Pfeffer verrühren. Ein wenig davon auf angewärmte Teller pinseln.

5. Die hauchdünnen Fleischscheiben vorsichtig, ohne sie zu zerreißen, darauf legen und ebenfalls dünn bepinseln.

6. Mit dem gewaschenen, abgetropften Feldsalat anrichten. Die Walnußkerne grob hacken und über das Carpaccio streuen.

ÖLMARINADE

1. Je ¼ l Oliven- und Pflanzenöl mischen, einen frischen Zweig Thymian und Rosmarin sowie ein Lorbeerblatt zugeben.

2. Eine geviertelte Schalotte, eine mit Schale zerdrückte Knoblauchzehe sowie je einen Teelöffel zerdrückten schwarzen Pfeffer und Piment (Körner) untermischen. Fleisch in die Marinade legen.

3. Zwei Tage lang zugedeckt im Kühlschrank durchziehen lassen. Zwischendurch öfter wenden. Weitere Zubereitung wie beim Carpaccio beschrieben.

Meine Tips und Tricks

— Weinempfehlung: Ein frischer, leichter deutscher Spätburgunder vom letzten Jahrgang.

— Carpaccio ist rohes, in hauchdünne Scheiben geschnittenes Fleisch, das mit einer leicht oder sehr pikant gewürzten Sauce serviert wird. Es erfreut sich großer Beliebtheit; nicht zuletzt deshalb, weil das papierdünne Fleisch so erfrischend und leicht ist. Die Zubereitung erfolgt praktisch im Handumdrehen, was bei einem größeren Menü immer von Vorteil ist.

— Das Dressing kann man auch mit einer halben kleingehackten Schalotte, einem Teelöffel Dijon-Senf (extrascharf) und frisch gehackten Kräutern (z. B. Kerbel, glatte Petersilie und Schnittlauch) zubereiten. Dann wird es noch pikant-würziger.

— Carpaccio läßt sich auch mit rohem Lachsfilet oder Steinbuttfilet zubereiten. Dazu paßt ein Dressing aus wenig Limetten- oder Zitronensaft, Olivenöl und kleingeschnittenen Oliven.

— Eine raffinierte Variante ist das Einlegen eines Rinder- oder Lammfilets für etwa zwei Tage in einer würzigen Ölmarinade (siehe Rezept). Allerdings lohnt sich der Aufwand nur für eine größere Menge Fleisch (etwa für acht bis zehn Personen).

— Extravagant und in der Zubereitung aufwendiger ist ein Carpaccio aus verschiedenfarbigem Fischfilet. Hierzu werden hauchdünne Fischfiletscheiben aufeinander gelegt und stramm wie eine Roulade aufgerollt. Die weitere Zubereitung bleibt gleich.

Tagliatelle mit Olivenmus

GERÄTE

Mixer oder Handrührgerät mit Pürierstab und Knethaken
Kochtopf
Rührschüssel
Sieb
Nudelholz

ZEIT

Vorbereitung:
ca. 5 Minuten

Zubereitung:
ca. 45 Minuten,
davon 30 Minuten
Ruhezeit für den Teig

NÄHRWERT

pro Portion

Kalorien (kcal):	500
Joule (kJ):	2100
Eiweiß (g):	9
Fett (g):	26
Kohlenhydrate (g):	40

VORBEREITUNG

Der Teig kann vorbereitet werden (Teig aus Hartweizengrieß mit den Händen zusammenkneten). Aufgerollten, geschnittenen Teig abrollen und, zum Beispiel, über eine saubere Stange hängen.
Tip: Wer eine Nudelmaschine hat, gibt den Teig zum Entspannen mehrmals durch die glatte Walze.
Die Kochzeit verlängert sich bei getrocknetem Teig etwas. Deshalb nach einer Minute eine Garprobe machen.
Das Olivenmus kann schon am Vortag zubereitet werden. Mit Frischhaltefolie abgedeckt kühl stellen.

EINKAUF

2 kleine Eier

Mehl

Universalhaushaltsmehl: Weizenmehl Type 405. Es ist die hellste unter den Mehlsorten. Alternative: Hartweizengrieß.

200 g schwarze Oliven

Schwarze Oliven gibt es in Gläser eingelegt oder auch lose in Delikatessenläden. Das Fruchtfleisch der Oliven ist sehr fetthaltig.

Olivenöl

Knoblauchöl

Knoblauchöl gibt es zwar fertig zu kaufen, es ist aber relativ teuer. Man kann es leicht selbst herstellen, indem man geschälte Knoblauchzehen in Olivenöl einlegt.

Thymian

Rosmarin

Oregano

Alle drei Gewürzkräuter sind sowohl frisch als auch getrocknet im Handel.

Tabasco

Sehr scharfe Pfeffersauce. Vorsichtig dosieren.

ZUTATEN

Für 4 Portionen

Tagliatelle (Bandnudeln)

2 kleine Eier

¼ TL Salz

200 g Mehl

3 EL Mehl zum Ausrollen

20 g Butter

Olivenmus

200 g schwarze Oliven

2 EL Olivenöl

2 — 3 Tropfen

Knoblauchöl

1 Msp Thymian

1 Msp Rosmarin

1 Msp Oregano

2 Spritzer Tabasco

Salz, Pfeffer

Garniervorschlag:
Einige schwarze Oliven, Peperoni (kleine, scharfe Paprikasorte) und frische Oreganoblätter

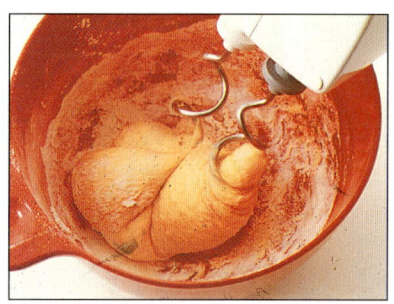

1. Eier, Salz und Mehl zu einem glatten, glänzenden Teig verkneten. In Folie einschlagen und 30 Minuten lang ruhen lassen.

2. Den Teig durch mehrmaliges Ausrollen entspannen (möglichst dazu die glatte Walze einer Nudelmaschine benutzen).

3. Den Teig immer wieder zusammenlegen und erneut ausrollen. Den entspannten Teig hauchdünn zu einem Rechteck ausrollen.

4. Etwas Mehl darüberstäuben, alles wie eine Roulade aufwickeln. Die Teigrolle in 3 mm dünne Scheiben schneiden. Etwa 2 l Wasser mit 1 TL Salz aufkochen.

5. Die Nudelteigscheiben vorsichtig abwickeln, über einen Kochlöffelstiel hängen und in das kochende Wasser hineingleiten lassen.

6. Die Nudeln aufkochen lassen, etwa 1 Minute durchkochen, dann in ein Sieb schütten und kalt abbrausen. Abgetropft in 20 g Butter heißschwenken und leicht salzen.

OLIVENMUS

1. 200 g schwarze Oliven waschen und entkernen. Mit 2 EL Olivenöl in einen Mixer geben und zu einem Brei pürieren.

2. Etwa 2-3 Tropfen Knoblauchöl, je 1 Msp Thymian, Rosmarin und Oregano dazugeben und untermischen.

3. Olivenmus mit einer Prise Salz, Pfeffer und zwei Spritzern Tabasco würzig abschmecken.

Meine Tips und Tricks

— Weinempfehlung: Ein kräftiger, roter Italiener, z. B. ein Chianti Classico aus der Toskana.
— Olivenmus nach Geschmack unter die heißen Tagliatelle mischen.
— Die Tagliatelle schmecken noch besser, wenn man sie nur mit einem Teelöffel Butter und vier Eßlöffel Gemüsebrühe (siehe Gemüseschaumsuppe) oder Geflügelfond heißschwenkt. Die Butter darf dabei nicht zu heiß werden, weil sie dann nicht bindet.
— Olivenmus mit einer Messerspitze feingehackter Peperoni als schärfere Version zubereiten.

— Für rote Nudeln eine kleine gekochte Rote-Bete-Knolle pürieren, das Püree dick einkochen lassen und dieses Mus abgekühlt von Anfang an unter den Teig mischen.
— Für grüne Nudeln 50 g Spinatblätter eine Minute blanchieren, abschrecken und gut ausdrücken. Pürieren, mit den Eiern unter den Teig mischen.
— Teigvariation für Feinschmecker: Italienischen Hartweizengrieß (Semula di Grano duro) verwenden.
— Selbstgemachte Nudeln sind eine ideale Beilage zu anderen Gerichten, die mit Saucen serviert werden.

Birnen-Kartoffel-Gratin

GERÄTE

Backofen
2 Gratinformen (wie auf
dem großen Foto links)
oder eine flache feuer-
feste Form
Litermaß
Sparschäler
feine Raspel
Küchenpinsel
Holzspießchen

ZEIT

Vorbereitung:
ca. 10 Minuten

Zubereitung:
ca. 35 Minuten,
davon 20 Minuten
reine Garzeit

NÄHRWERT

pro Portion

Kalorien (kcal):	360
Joule (kJ):	1510
Eiweiß (g):	8
Fett (g):	21
Kohlenhydrate (g):	32

VORBEREITUNG

1. Kartoffeln kurz vor der
Zubereitung schälen und
waschen.
2. Birnen gründlich
waschen, wenn sie mit
Schale verwendet wer-
den; sonst kurz vor der
Zubereitung schälen. Mit
Zitronensaft beträufeln,
damit das Fruchtfleisch
nicht braun wird.
3. Parmesankäse raspeln
(feine längliche Späne).
4. Gratinform mit der halbierten Knoblauchzehe
ausreiben.
Tip: Kartoffeln kann man
sehr gut mit einem
Gurkenhobel in Scheiben
schneiden. Für größere
Mengen kann man auch
ein Schnitzelwerk (Zube-
hör für Handrührgerät)
mit Schneidscheibe be-
nutzen.

EINKAUF

4 mittelgroße Kartoffeln

Eine festkochende oder
vorwiegend festkochen-
de Kartoffelsorte. In Pla-
stikbeuteln verpackte
Ware zu Hause aus dem
Beutel nehmen, sonst
verderben Kartoffeln
rasch.

2 mittelgroße Birnen

Sorte: Feste, fast harte
Williams Christbirnen.
Alternative: Bürgermei-
ster-Birnen. Inlandsernte:
September/Oktober. Im-
porte: Fast ganzjährig.

1 Zitrone

Knoblauch

1 Becher süße Sahne

1 Stück Parmesankäse

Beste Wahl: Frischer
Parmesankäse. Tip: Ein
größeres Stück kaufen.
Parmesan hält sich in
Pergamentpapier einge-
wickelt im Kühlschrank
mehrere Wochen frisch.

ZUTATEN

Für 2 Portionen

1 Knoblauchzehe

½ TL Butter (5 g)

2 Birnen (250 g)

1 Zitrone

4 Kartoffeln (200 g)

0,1 l süße Sahne

25 g Parmesankäse

Salz, weißer Pfeffer

1. Die Gratinform mit Butter auspinseln, leicht salzen und pfeffern. Backofen auf 200 Grad vorheizen.

2. Die Birnen vierteln, entkernen und in dünne Scheiben schneiden. Mit Zitronensaft beträufeln, damit sie nicht braun werden.

3. Kartoffeln in sehr dünne Scheiben schneiden und gut mit Küchenpapier trockentupfen.

4. Kartoffel- und Birnenscheiben dachziegelartig in die Form schichten, Sahne angießen und Käseraspel darüberstreuen.

5. Die Form auf eine Kochplatte stellen und die Sahne einmal kurz aufkochen lassen. Dann auf den Boden des vorgeheizten Backofens stellen.

6. Nach 20 Minuten Garzeit mit einem Holzspießchen eine Garprobe machen: Es soll ohne Widerstand in die Kartoffelscheiben gleiten.

Meine Tips und Tricks

— Für größere Mengen eine große, flache, feuerfeste Form nehmen. Für sehr große Mengen, zum Beispiel bei einer Party, ist die Fettfangschale (tiefes Backblech) ein ideales Behältnis.
— Dieses Gratin ist eine ideale Beilage zu rosa gebratener Kalbsleber und Fleischgerichten.

— Auf die gleiche Weise läßt sich auch ein Apfel-Kartoffel-Gratin zubereiten.
— Eine interessante Variante ist ein reines Birnengratin, das man sehr gut als Dessert servieren kann, siehe auch Rezept Orangengratin.

Gedämpfte Gemüse mit Kräuterbutter

GERÄTE

Schnellkochtopf mit
Siebeinsatz
Kochtopf (klein)
Litermaß
Sparschäler
Schneebesen
Zitronenpresse

ZEIT

Vorbereitung:
ca. 10 Minuten

Zubereitung:
ca. 25 Minuten,
ohne Schnellkochtopf
ca. 30 Minuten

NÄHRWERT

pro Portion

Kalorien (kcal):	260
Joule (kJ):	1100
Eiweiß (g):	5
Fett (g):	17
Kohlenhydrate (g):	17

VORBEREITUNG

Teltower Rübchen und
Petersilienwurzel unter
fließendem kalten Wasser
sauberbürsten. Knob-
lauchzehe zerdrücken.
Arbeitsablauf: Für ein
großes Menü das Gemü-
se schälen und bis zur
Zubereitung mit einem
feuchten Tuch bedecken.
Petersilienwurzeln wer-
den leicht braun, wenn
sie geschält sind. Das
kann man verhindern,
indem man sie mit Zitro-
nensaft beträufelt. Kurz
vor dem Servieren die
Petersilie für die Kräuterbutter fein schneiden.

EINKAUF

250 g Spargel

Beste Wahl: Der inten-
siv-würzige grüne Spar-
gel. Ersatzweise weißen
Spargel kaufen. Er muß
allerdings ganz geschält
werden. Damit $\frac{1}{2}$ cm
unterhalb des Kopfes
beginnen.

1 mittelgroße Zucchini

Kaum Abfall, denn
Zucchini müssen nicht
geschält werden.

*1 mittelgroße
Petersilienwurzel*

Ersatzweise eine halbe
Sellerieknolle.

Glatte Petersilie
1 Zitrone

4 kleine weiße Rübchen

Weiße Rübchen (Telto-
wer Rübchen; franzö-
sisch: Navets) mit knak-
kig-grünem Blattwerk
kaufen. Das ist ein Zei-
chen von Frische. Kleine
und mittelgroße Rüben
sind saftiger und zarter
als große. Keine Rüb-
chen mit wurmstichigen
Stellen nehmen!

Knoblauchzehe
Butter

ZUTATEN

Für 2 Portionen
Gemüse

250 g Spargel
*4 Teltower Rübchen
(100 g)*
1 Petersilienwurzel (100 g)
1 Zucchini (150 g)

Kräuterbutter

1 Bund Petersilie
1 Zitrone
1 Msp. Knoblauch
40 g Butter
Salz

Garniervorschlag:
Glatte Petersilie

1. Grünen Spargel nur am weißen Ende schälen und in 5 cm lange Stücke schneiden. Holzige Enden kappen.

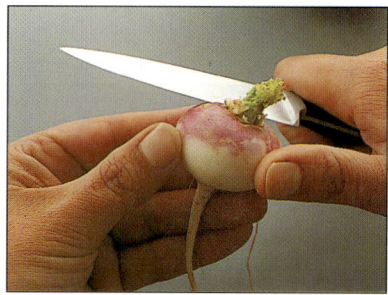

2. Teltower Rübchen vom Stielansatz befreien, eventuell Spitzen abschneiden. Petersilienwurzel schälen, Enden abschneiden.

3. Zucchinienden kappen, Zucchini in mundgerechte Stücke zerteilen und in Form schnitzen.

4. Die Gemüseschalen, -enden und -abschnitte mit $\frac{1}{8}$ l Wasser aufkochen. Inzwischen die Petersilienwurzel in Scheiben schneiden.

5. Das geschnittene Gemüse in den Siebeinsatz des Topfes geben, über die kochende Gemüsebrühe stellen. Topf verschließen, Gemüse 1 Minute unter Druck garen.

6. Für die Kräuterbutter die Butter zerlassen, gehackte Schalotte und Kräuter zugeben. Mit einer Prise Salz sowie mit Zitronensaft abschmecken.

Meine Tips und Tricks

— Weinempfehlung: Dazu paßt ausgezeichnet ein Entre-deux-mers, ein weißer Bordeaux. Alternative: ein Müller-Thurgau aus Franken.
— Das gedämpfte Gemüse wird kurz vor dem Servieren ganz leicht mit der Kräuterbutter überzogen.
— Auf das Salzen des Gemüses kann man bei dieser Zubereitungsweise völlig verzichten. Denn im Gemüse selbst sind genügend Mineralsalze enthalten. Durch das kurze und schonende Dämpfen kommt der Geschmack der einzelnen Gemüsesorten hervorragend zur Geltung.

— Die Flüssigkeit ergibt eine ausgezeichnete Gemüsebrühe, die man abseiht. Die ausgelaugten Schalen werden weggeworfen. Gemüsebrühe in Gefrierdosen füllen und einfrieren. So hat man immer eine gute Basis für andere Rezepte vorrätig (siehe z. B. Gemüseschaumsuppe).
— Jahreszeitlich bedingte Varianten: Jeweils nur Frühlings-, Sommer- oder Herbst-Gemüse verwenden.
— Kräuterbutter mit gemischten Kräutern, Basilikum, Kerbel oder Estragon würzen und abschmecken.
— Gedämpftes Gemüse ist auch eine köstliche Beilage zu Filetsteak, Kalbsschnitzel, Rumpsteak oder Kalbsmedaillons.

Pilze mit
Kohlrabistreifen und Möhren

GERÄTE

Kochtopf
Pfanne
Schneebesen
Küchenpinsel
Sparschäler

ZEIT

Vorbereitung:
ca. 15 Minuten

Zubereitung:
ca. 15 Minuten

NÄHRWERT

pro Portion

Kalorien (kcal):	350
Joule (kJ):	1470
Eiweiß (g):	5
Fett (g):	28
Kohlenhydrate (g):	12

VORBEREITUNG

Gemüse:
Möhre und Kohlrabi
schälen.

Pilze:
1. Speck und Schalotte
sehr fein würfeln.
2. Butter in kleine Stücke
(Flöckchen) teilen und bis
zur Verwendung in den
Kühlschrank stellen.
3. Pilze sortieren. Anhaf-
tende Schmutzreste mit
einem Küchenpinsel ent-
fernen. Pilze nicht
waschen; sie saugen sich
voll und werden wäßrig.
Arbeitsablauf: Gemüse
zubereiten und im Topf
warm stellen. Kräuter fein
schneiden und dann die
Pilze zubereiten.

EINKAUF

1 Stück Speck

Beste Wahl: Eine mage-
re, gut durchwachsene
Sorte.

150 g Pilze

Wahlweise zarte Stock-
schwämmchen, feste
Champignons oder flei-
schige Austernpilze. Gut
zu wissen: Champignons
und Austernpilze sind
ganzjährig als Zuchtpilze
erhältlich. Vorteil: Wenig
Abfall, denn sie müssen
kaum geputzt werden.
Beste Wahl: Kleine Pilze;
große können mitunter
etwas zäh sein.

1 große Möhre
1 kleiner Kohlrabi

Junger Kohlrabi mit
knackig aussehenden
Blättern ist am zartesten.

Schalotte
Schnittlauch
Estragon

Feinwürziges Küchen-
kraut. Als Bund oder in
kleinen Töpfen erhältlich.

Weißwein (trocken)
Butter

ZUTATEN

Für 2 Portionen
Gemüse

1 Möhre (150 g)
1 Kohlrabi (200 g)
1 TL Butter (10 g)
Salz

Pilze

1 Scheibe Speck (25 g)
1 Schalotte (25 g)
5 EL Weißwein
40 g Butter
½ Bund Schnittlauch
6 Zweige Estragon
150 g Pilze
Salz

Garniervorschlag:
Estragonblättchen

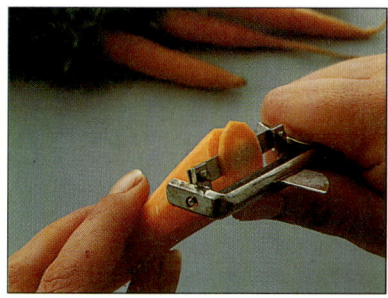

1. Möhre in sehr dünne Scheiben, Kohlrabi in dünne Scheiben und dann in feine Streifen schneiden.

2. Butter zerlassen, Möhrenscheiben und Kohlrabistreifen zugeben. Zugedeckt etwa 1 Minute unter Schwenken des Topfes dünsten.

3. Das Gemüse vor dem Servieren leicht salzen und auf vorgewärmten Eßtellern anrichten.

4. Speckwürfel in einer Pfanne bei mittlerer Hitze auslassen. Schalottenwürfel kurz darin andünsten, mit Wein ablöschen.

5. Nach und nach kleine Butterflöckchen mit einem Schneebesen unter den Sud schlagen.

6. Mit einer Prise Salz würzen, Schnittlauch, Estragon und Pilze zugeben, unter Schwenken 2 Minuten erhitzen.

Meine Tips und Tricks

— Weinempfehlung zu dieser Vorspeise: Ein Pfälzer Silvaner oder ein französischer Muscadet von der Loire. Beide haben eine feine, frische Säure.
— Die Pilze (hier Stockschwämmchen) sind bei diesem Gericht in einem würzigen Sud gegart. Diesen kann man zusätzlich mit einigen Tropfen Zitronensaft abschmecken.
— Die leichte Bindung erhält der Sud durch die Zugabe kleiner, kalter Butterflöckchen. Wenn sie mit einem Schneebesen nach und nach untergeschlagen werden, löst sich die Butter langsam auf und verbindet sich gleichmäßig mit der heißen Flüssigkeit.
— Das kurze Erhitzen der Pilze im Sud bringt das Pilzaroma ausgezeichnet zur Geltung. Allerdings sollte man zarte, leicht zerbrechliche Pilze nur darin schwenken.

— Ganz ausgezeichnet schmeckt dieses Gericht auch mit kleinen Waldpilzen (Pfifferlinge oder Steinpilze). Sie müssen aber etwas länger, etwa 3 Minuten, garen.
— Variation: Gemüse weglassen, gemischte Pilze (Schafseckpilze, Steinchampignons, Pfifferlinge) in Kräuterbutter andünsten und damit ein Omelett füllen.
— Natürlich schmecken die Pilze auch ohne Gemüse, beispielsweise mit knusprig aufgebackenem Baguette.
— Das Gemüse kann man sehr gut als Beilage zu Fisch- oder Fleischgerichten servieren.

Jakobsmuscheln mit Weintrauben

GERÄTE

Pfanne
2 Kochtöpfe (klein)
Sieb
Bratenwender

ZEIT

Vorbereitung:
ca. 5 Minuten
Zubereitung:
ca. 20 Minuten

NÄHRWERT

pro Portion

Kalorien (kcal):	350
Joule (kJ):	1470
Eiweiß (g):	11
Fett (g):	24
Kohlenhydrate(g):	15

VORBEREITUNG

Schalotte fein würfeln. Die Weintrauben von den Stielen zupfen, abziehen und entkernen soweit Kerne vorhanden. Zugedeckt bis kurz vor dem Servieren kühl stellen.

EINKAUF

6 Jakobsmuscheln

Jakobsmuscheln sind eine Delikatesse. Allerdings gibt es sie nur sehr selten frisch. Beste Zeit: Zwischen November und Januar. Vom Fischhändler aus den Schalen lösen lassen. Muscheln mit Corail (Rogen) verlangen. Tiefgefrorene Jakobsmuscheln (überwiegend im Handel) nach dem Einkauf zum Auftauen in $\frac{1}{4}$ l Vollmilch legen, damit sie ihre helle Farbe behalten.

1 Zitrone
Schalotte
100 g Weintrauben

Beste Sorte: Die seltenen, kleinen und kernlosen hellen Trauben (Sultana oder Thompson Seedless). Sie schmecken sehr süß und aromatisch. Alternative: Eine andere, nicht zu saure, helle Weintraubensorte. Hauptangebotszeit: Mitte August bis November.

Crème fraîche

Feinsäuerlicher, milder Sauerrahm mit einem Fettgehalt zwischen 30 und 40 Prozent.

Weißwein (trocken)

ZUTATEN

Für 2 Portionen

40 g Butter
1 Schalotte (30 g)
1 Zitrone
6 EL Weißwein
6 Jakobsmuscheln
(ca. 200 g)
2 EL Crème fraîche (40 g)
100 g Weintrauben
Salz

Garniervorschlag:
Etwas Zitronenmelisse (Würzkraut mit zitronenähnlichem Geschmack)

1. Bei mittlerer Hitze 1 EL Butter zerlassen, Schalotten andünsten.

2. Mit 1 TL Zitronensaft und 4 EL Weißwein ablöschen. Jakobsmuscheln zugeben und je Seite 1 Minute dünsten.

3. Herausnehmen, Crème fraîche unter den Sud rühren.

4. Muscheln wieder zugeben, zugedeckt 2 Minuten ziehen lassen. Auf vorgewärmten Tellern anrichten.

5. Sauce durch ein feines Sieb gießen, mit dem übrigen Weißwein und einer Prise Salz abschmecken.

6. Vorbereitete Weintraubenhälften kurz in 1 EL heißer Butter unter Schwenken erhitzen.

Meine Tips uns Tricks

— Weinempfehlung: Ein spritziger Mosel-Riesling, möglichst Kabinett. Oder ein Sancerre, ein duftig-feinsäuerlicher Weißwein von der oberen Loire.
— Mit Jakobsmuscheln, in Frankreich unter dem Namen Coquilles Saint-Jacques bekannt, werden die edelsten warmen Vorspeisen zubereitet. Statt mit Weintrauben kann man sie auch mit zartem, jungem Gemüse, beispielsweise mit Kohlrabi und Möhren oder mit Zuckerschoten, servieren.
— Wichtig beim Zubereiten von Jakobsmuscheln ist die kurze Garzeit, sonst werden sie leicht trocken. Das hell- bis orangerote Corail wird oft aufgrund der Tatsache, daß es sich dabei um das Geschlechtsteil der Jakobsmuschel handelt, verschmäht. Die Sauce erhält aber einen sehr aparten Geschmack, wenn man das Corail zugibt und darunter mixt. Wer das Corail absolut nicht mag, kann es vor der Zubereitung entfernen.

— Die Sauce schmeckt übrigens auch ganz hervorragend, wenn man anstelle des Weißweines die gleiche Menge trockenen Cidre verwendet. Cidre ist ein leicht perlender Apfelwein mit geringem Alkoholgehalt (5 %).
— Schön schaumig wird die Sauce, wenn man sie vor dem Anrichten noch einmal ganz kurz aufmixt.
— Jakobsmuscheln auf einem flockig-leichten Kartoffelpüree anrichten und mit wenig Sauce überziehen.
— Die Jakobsmuscheln je Seite 2 Minuten dünsten und zu einem kleinen Salat servieren.

Kalbsbries mit Zuckerschoten

GERÄTE

Pfanne
Kochtopf
Rührschüssel
2 Schälchen
Bratenwender
Schaumkelle

ZEIT

Vorbereitung:
ca. 10 Minuten

Zubereitung:
ca. 6 Stunden 20 Minu-
ten, davon 6 Stunden
Zeit, um das Bries zu
wässern

NÄHRWERT

pro Portion

Kalorien (kcal):	330
Joule (kJ):	1380
Eiweiß (g):	16
Fett (g):	21
Kohlenhydrate (g):	11

VORBEREITUNG

Kalbsbries:
Bries rechtzeitig abziehen
und wässern. Das kann
auch am Vortag gesche-
hen. Über Nacht in reich-
lich kaltem Wasser in den
Kühlschrank stellen.
Kräuter fein schneiden,
Schalotte hacken. Beides
mischen und beiseite
stellen.

Zuckerschoten:
Stielansatz der Zucker-
schoten einschneiden
und die Fäden entlang
der Hülse abziehen.
Arbeitsablauf: Kalbsbries
bis zum Braten vorberei-
ten. Während die Zucker-
schoten garen, das Bries
braten.

EINKAUF

175 g Kalbsbries

Kalbsbries (Milcher, Mid-
der, Schweser) ist die
eiweißreiche Wachs-
tumsdrüse des jungen
Rindes. Es muß ganz
frisch sein. Am besten
einige Tage vorher beim
Metzger bestellen.

10 — 12 Zuckerschoten

Zuckerschoten (Zucker-
erbsen, Kaiserschoten)
bestehen aus flachen
Schoten ohne zähe
Innenhaut. Man ißt sie
als ganze Schote. Fast
ganzjährig im Handel.

Petersilie

Beste Wahl: Petersilie
mit glatten Blättern. Sie
schmeckt intensiver.

Schnittlauch

Schalotte
Sherry-Essig

Hocharomatische, relativ
milde Essigsorte. Läßt
sich auch selbst herstel-
len (siehe Feldsalat mit
Äpfeln und Geflügel-
leber). Variante: Ein guter
Weinessig.

Honig

Sorte: Flüssiger Bienen-
honig. Gibt's auch als
20 g-Portion zu kaufen.

ZUTATEN

Für 2 Portionen
Kalbsbries

175 g Kalbsbries
1 EL Butter (20 g)
4 Stiele Petersilie
6 Stengel Schnittlauch
½ Schalotte (15 g)
Salz, Pfeffer

Zuckerschoten

¼ TL Honig
1 EL heißes Wasser
1 TL Sherry-Essig
2 EL Öl
125 g Zuckerschoten
Salz, Pfeffer

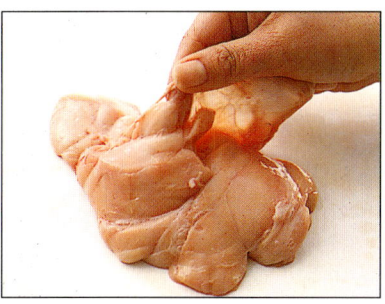

1. Dünne Häutchen und harte Stellen sorgfältig vom Bries entfernen. Bries in kaltes Wasser legen, damit es schön weiß wird.

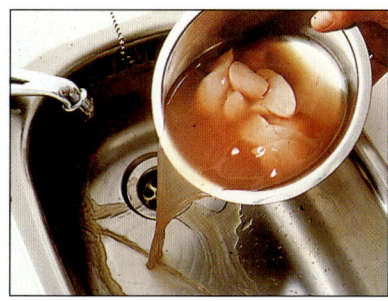

2. Mindestens 6 Stunden wässern. Das Wasser möglichst oft wechseln. Bries unter fließendem kalten Wasser gründlich abspülen.

3. In kaltes Salzwasser legen, einmal aufkochen und ohne Hitze 2 Minuten ziehen lassen. Herausheben, abtropfen lassen, in kaltem Wasser abkühlen.

4. Abgekühltes Bries auf Küchenpapier legen und trockentupfen. Dann in kleine Briesstücke (Nüßchen) zerzupfen.

5. Bei mittlerer Hitze in heißer Butter von jeder Seite goldbraun braten, leicht salzen und pfeffern.

6. Auf Küchenpapier legen, damit überschüssiges Fett aufgesaugt wird. Kräuter-Schalotten-Mischung darübergeben.

ZUCKERSCHOTEN

1. $\frac{1}{4}$ TL Honig mit 1 EL heißem Wasser verrühren. 1 TL Sherry-Essig, 1 Prise Salz und Pfeffer sowie 2 EL Öl untermischen, abschmecken.

2. 1 l Wasser mit $\frac{1}{4}$ TL Salz aufkochen lassen. Die Zuckerschoten in das sprudelnd kochende Salzwasser schütten und 2 Minuten lang blanchieren.

3. Zuckerschoten in ein Sieb schütten, kalt abbrausen und abgetropft auf Tellern anrichten. Dressing gut durchrühren, darüberträufeln.

Meine Tips und Tricks

— Weinempfehlung: Ein Gutedel aus Südbaden oder ein Schweizer Fendant. Beide sind säurearme Weißweine.
— Da Kalbsbries zu den Innereien gehört, sollte es gleich nach dem Einkauf verwendet werden.
— Auch wenn das Abziehen der Häutchen vom rohen Bries etwas mühsam ist, sollte man dabei sehr sorgfältig arbeiten, sonst kann das Blut beim Wässern nicht herausgespült werden.

— Bei diesem Rezept bekommt das Bries durch die Kräuter-Schalotten-Mischung ein unvergleichlich köstliches Aroma.
— Die Kalbsbriesnüßchen kann man auch sehr gut lauwarm zu einem Salat servieren, z. B. zu "Böhnchensalat mit Pilzen".
— Zuckerschoten passen auch gut als Beilage zu Fischgerichten oder zu Kurzgebratenem.

Suppen

Geeiste Melonensuppe

GERÄTE

Gefriergerät
Handrührgerät mit
Pürierstab oder Mixer
Kochtopf
Litermaß
2 Rührschüsseln
Sieb
evtl. Kugelausstecher

ZEIT

Vorbereitung:
ca. 5 Minuten

Zubereitung:
ca. 40 Minuten,
davon 20 Minuten reine
Kühlzeit im Gefriergerät

NÄHRWERT

pro Portion

Kalorien (kcal):	230
Joule (kJ):	960
Eiweiß (g):	7
Fett (g):	11
Kohlenhydrate (g):	16

VORBEREITUNG

Tiefgefrorene Shrimps
aus der Packung schüt-
ten und auf einem Tablett
oder einer großen Platte
ausbreiten. Bei Raum-
temperatur etwa 1/2 Stunde
auftauen lassen.
Schalotte fein würfeln.

Arbeitsablauf: Für ein
größeres Menü kann die
Suppe fertig zubereitet
werden. Im Kühlschrank
gut durchkühlen lassen
und etwa 20 Minuten vor
dem Servieren in das
Gefriergerät stellen.
Während der Gefrierzeit
öfter umrühren, damit die
Suppe nicht hartfriert.

EINKAUF

125 g Shrimps

Shrimps (Tiefseegarne-
len) haben festes, wohl-
schmeckendes Fleisch,
sind eiweißreich und
fettarm. Für dieses
Rezept Shrimps ohne
Schalen kaufen. Gibt's
auch tiefgefroren.

1 Zuckermelone

Zuckermelonen sind reif,
wenn sie auf leichten
Fingerdruck rund um
Stiel- und Blütenansatz
nachgeben.
Fast ganzjährig erhält-
lich: Galia- und Ogen-
melonen mit aroma-
tischem, erfrischenden,
hellgrünen bis gelben
Fruchtfleisch.

Schalotte

Feine, aromatische
Gewürzzwiebelsorte.

Estragon

In kleinen Töpfen erhält-
lich. Ideal für den Kräu-
tervorrat auf der Fensterbank.

Süße Sahne

Ersatzweise die fein-
säuerliche, milde Crème
fraîche nehmen. Sie hat
allerdings einen höheren
Fettgehalt (zwischen 30
und 40 Prozent).

Weißwein (trocken)

ZUTATEN

Für 2 Portionen

125 g Shrimps
1 Schalotte
1 TL Butter (10 g)
0,1 l Weißwein
4 EL süße Sahne
1 Zweig Estragon
1 Melone (ca. 450 g)

Garniervorschlag:
Suppe in Melonenscha-
lenhälften auf gestoße-
nem Eis servieren. Einige
Shrimps und Melonen-
kugeln als Einlage in
die Suppe geben. Mit fri-
schen Minz- oder Estra-
gonblättchen verzieren

1. Shrimps grob mit einem Messer hacken. Schalottenwürfel bei mittlerer Hitze in Butter andünsten.

2. Mit Weißwein ablöschen, Topf vom Herd nehmen und Shrimps zugeben. Sahne aufgießen und Estragonblättchen einstreuen.

3. Alles mit einem Pürierstab oder im Mixer pürieren und vollständig abkühlen lassen.

4. Melone halbieren, entkernen und aus dem Fruchtfleisch einige Kugeln herausstechen. Übriges Fruchtfleisch herausschaben.

5. Das Fruchtfleisch der Melone pürieren und mit der abgekühlten Garnelensuppe mischen.

6. Die Suppe durch ein feines Sieb gießen, Reste gut mit einem Löffel durchstreichen. Suppe für 20 Minuten ins Gefrierfach stellen.

Meine Tips und Tricks

— Weinempfehlung: Ein deutscher Riesling-Sekt oder ein Champagner.

— Es sieht sehr dekorativ aus, wenn man die Suppe in den ausgehöhlten Melonenschalen anrichtet. Hauptsache ist, daß die Suppe eiskalt serviert wird.

— Ganz besonders gut schmeckt diese Suppe, wenn man dafür die hocharomatischen Charentais-, Cavaillon- oder Kantalup-Melonen verwendet. Charentais-Melonen verderben allerdings rasch, wenn sie erst einmal reif sind.

— Der Garnelengeschmack der Suppe wird noch ausgeprägter, wenn die Garnelen mit Schale gehackt und in wenig Öl mit der gehackten Schalotte angedünstet werden.

— Mit dem Weißwein zusätzlich einen Eßlöffel weißen Portwein zugeben. Alles mit Sahne, Estragon und Melonenpüree mixen und durch ein Sieb streichen.

— Melonensuppe zur Krönung des Geschmacks mit zwei bis drei Tropfen Anisschnaps abschmecken!

— Als feine Suppeneinlage eignen sich roher Lachs, gebratenes und gezupftes Zander- oder Kabeljaufilet.

— Eventuell übrige Melonensuppe kann sehr gut im Kühlschrank zwei bis drei Tage, mit Frischhaltefolie abgedeckt, aufbewahrt werden. Mein Vorschlag: Die kalte Suppe als kleine Erfrischung servieren. Kleinere Mengen als pikantes Dressing über einen frischen, knackigen Salat (z. B. Eisbergsalat mit zerpflücktem Räucherfisch) geben.

Kerbelsuppe

VORBEREITUNG

1. Suppengemüse gründlich säubern. Dunkelgrüne Blätter und Wurzelansatz vom Lauch abschneiden. Sellerie und Möhre schälen. Alles kleinschneiden.
2. Schalotte und Zwiebel fein würfeln.
3. Kerbel waschen und in einem Handtuch trockenschleudern.

EINKAUF

1 Bund Suppengemüse

Bestehend aus Möhre, Lauch und Sellerie. Wenn auch eine Petersilienwurzel dabei ist, wird die Suppe noch würziger. Sind die fertigen Bunde welk oder weich, lieber die Gemüse lose kaufen.

Schalotte
Zwiebel
Kerbel

Kerbel ist ein zartwürziges, leicht anisartig und süßlich-frisch schmekkendes Küchenkraut. Für dieses Rezept wird eine verhältnismäßig große Menge (50 g = je nach Dicke zwei bis drei Bund) benötigt.

Vollmilch
1 Becher süße Sahne

Für dieses Rezept werden nur 2 EL geschlagene Sahne benötigt. Übrige Sahne zum Beispiel für ein Dessert verwenden.

ZUTATEN

Für 2 Portionen

1 Schalotte
1 Zwiebel
1 TL Butter
1 Bund Suppengemüse
¼ l Wasser
50 g frischer Kerbel
6 EL Vollmilch
2 EL geschlagene Sahne
Salz

Garniervorschlag:
Je einen Klecks Crème fraîche in die Suppe geben. Mit Kerbelblättchen garnieren.

1. Bei mittlerer Hitze Schalotten- und Zwiebelwürfel in zerlassener Butter glasig dünsten.

2. Suppengemüse zugeben, 1 Minute mitdünsten. $\frac{1}{4}$ l Wasser aufgießen, aufkochen, leicht salzen.

3. 9 Minuten unter Druck garen. Topf öffnen und gesäuberte Kerbelblätter einstreuen.

4. Unter die Suppe rühren und alles mit einem Pürierstab oder in einem Mixer pürieren.

5. Suppe durch ein Sieb in einen kleinen Topf gießen, Reste gut mit einem Löffel durchstreichen.

6. Milch zugeben, Suppe unter Rühren erhitzen, schaumig mixen, abschmecken, Sahne unterheben.

STAUDENSELLERIESUPPE

1. Eine gehackte Schalotte in 1 TL Butter andünsten. 250 g geputzten, in Stücke geschnittenen Staudensellerie zufügen und mitdünsten.

2. $\frac{1}{4}$ l Wasser aufgießen, aufkochen lassen und zugedeckt bei geringer Hitze 15 Minuten köcheln lassen.

3. Leicht salzen, pürieren und die Suppe mit 4 EL Sahne oder 2 EL Crème fraîche sowie etwas gehackter Petersilie geschmacklich abrunden.

Meine Tips und Tricks

— Diese leichte, frische Suppe schmeckt noch kräftiger, wenn statt Wasser $\frac{1}{8}$ l Milch und $\frac{1}{8}$ l Gemüsebrühe (siehe "Gemüseschaumsuppe") verwendet werden. Das wichtigste bei der Zubereitung ist, daß der Kerbel nicht mitgekocht wird. Denn dabei gehen die Vitamine und das knackige Kräutergrün verloren.
— Die Kerbelsuppe eignet sich gut als Einstieg in ein großes Menü, denn Kerbel wirkt appetitanregend. Er gehört zu den feinen Kräutern der guten Küche, den "fines herbes", wie sie in Frankreich genannt werden.
— Ganz ausgezeichnet schmeckt die Kerbelsuppe auch mit zarten Fischklößchen (z.B. "Hechtklößchen").

— Weitere Alternativen enstehen durch die Verwendung von Sellerie- oder Kohlrabikraut. Beide sind übrigens sehr vitaminhaltig.
— Auf die gleiche Weise kann man viele andere Kräutersuppen zubereiten. Beispielsweise eine Kresse- oder Sauerampfersuppe.
— Mixt man die Suppe vor dem Servieren noch einmal kräftig mit einem Mix- oder Pürierstab auf, erhält sie einen leicht schaumigen Charakter.

Gemüseschaumsuppe

GERÄTE

Handrührgerät mit
Rührbesen und Pürier-
stab oder Mixer
Schnellkochtopf
Kochtopf (klein)
Litermaß
Rührschüssel
Sieb

ZEIT

Vorbereitung:
ca. 15 Minuten

Zubereitung:
ca. 20 Minuten,
ohne Schnellkochtopf
ca. 30 Minuten

NÄHRWERT

pro Portion

Kalorien (kcal):	270
Joule (kJ):	1130
Eiweiß (g):	4
Fett (g):	20
Kohlenhydrate (g):	16

VORBEREITUNG

1. Gemüse säubern, Sel-
lerie dabei gründlich bürsten. Sellerie und Möhre
schälen.
Tip: Sellerie wird nicht
braun, wenn er mit Zitro-
nensaft beträufelt wird.
2. Dunkelgrüne Blätter
und Wurzelansatz vom
Lauch abschneiden.
Schalen nicht wegwerfen;
sie werden für die Gemü-
sebrühe benötigt.
3. Je ein Stück Sellerie,
Möhre und Lauch in sehr
feine Streifen schneiden.
1 Minute in leicht gesal-
zenem, sprudelnd ko-
chendem Wasser blan-
chieren. In ein Sieb
schütten, kalt abbrausen
und beiseite stellen. Zum
Schluß als Einlage in die
Suppe geben.
4. Schalotte fein würfeln.
5. Sahne in einer vorge-
kühlten Schüssel steif-
schlagen und kühl stellen.

EINKAUF

1 kleine Sellerieknolle

Wichtig beim Einkauf:
Die Knolle darf keine fau-
len Stellen haben und
muß sich rundum bei
einer Druckprobe fest
anfühlen. Auch an der
Stelle, wo das Kraut ab-
geschnitten wurde.

1 große Möhre
1 Petersilienwurzel
1 kleine Stange Lauch

Lauch (Porree) gibt es
das ganze Jahr frisch.
Achten Sie darauf, daß
die Lauchstange fest ist.
Variante: Ein großes
Bund Suppengemüse, in
dem alle genannten Sor-
ten enthalten sind.

Zwiebel

Schalotte

Kleine aromatische
Gewürzzwiebelsorte, die
besonders schnell gart.

1 Zitrone
1 Becher süße Sahne
Muskat

Beste Wahl: Ganze Mus-
katnuß. Frisch gerieben
würzt sie intensiver als
gekauftes Muskatpulver.

ZUTATEN

Für 2 Portionen

1 Stück Sellerieknolle
(ca. 150 g)
1 Zitrone
1 Möhre (100 g)
1 Petersilienwurzel (75 g)
1 Stange Lauch (150 g)
⅓ l Wasser
1 Zwiebel (50 g)
1 Schalotte (30 g)
1 TL Butter (10 g)
0,1 l süße Sahne
Salz, Muskat

Garniervorschlag:
Feine Streifen von Möhre,
Sellerie und Lauch

1. Gemüseschalen und ¼ l Wasser aufkochen. Zugedeckt ca. 15 Minuten, unter Druck ca. 5 Minuten, garen. Brühe in einen anderen Topf abseihen.

2. Das vorbereitete Gemüse grob zerkleinern. Bei mittlerer Hitze die Schalottenwürfel in zerlassener Butter andünsten.

3. Das Gemüse zugeben, kurz mitdünsten und die Gemüsebrühe (ca. ⅓ l) aufgießen. Alles leicht salzen, aufkochen. Unter Druck ca. 9 Minuten garen.

4. Topf öffnen, Suppe pürieren und mit 1 Msp. Muskat sowie wenig Zitronensaft abschmecken.

5. Die Suppe dann durch ein feines Sieb geben und die Reste gut mit einem Eßlöffel durchstreichen.

6. Unter Rühren erhitzen und zum Schluß die geschlagene Sahne unter die Suppe mischen.

KARTOFFELSUPPE

1. Eine kleine Stange Lauch putzen, waschen und in Stücke schneiden. 200 g geschälte Kartoffeln würfeln. Beides in 1 EL Butter im Schnellkochtopf andünsten.

2. Mit je ¼ l Gemüsebrühe und Weißwein ablöschen. 200 g geschälten, gewürfelten Kürbis dazugeben und alles aufkochen.

3. Weitere Zubereitung wie bei der Gemüseschaumsuppe beschrieben. Statt Muskat sechs kleine Majoranblättchen nehmen. 75 g Crème fraîche untermixen.

Meine Tips und Tricks

— Diese intensiv nach Gemüse schmeckende Schaumsuppe sollte man vor dem Servieren noch einmal gut durchmixen, damit sie schön schaumig auf den Teller kommt.
— Sehr fein wird die Suppe, wenn man statt ¼ l Gemüsebrühe nur die Hälfte und ⅛ l Vollmilch verwendet. Zum Schluß dann zwei Eßlöffel Crème fraîche untermixen und nur einen Eßlöffel geschlagene Sahne unterheben.
— Anstelle der Gemüsestreifen oder zusätzlich können dünne Streifen von geräucherter Putenbrust als Einlage in die Suppe gegeben werden.

— Kleinere Reste in Eiswürfelschalen einfrieren und die einzelnen Würfel zum Abschmecken oder Verfeinern von Bratensaucen verwenden.
— Mit der Sellerieknolle, von der bestimmt etwas übrigbleibt, kann man eine gesunde Rohkost zubereiten. Das Rezept: Geschälten Sellerie fein raspeln und mit Zitronensaft beträufeln, damit die Späne nicht braun werden. Ein bis zwei geschälte, entkernte Äpfel grob raspeln und dazugeben. Aus einem Eßlöffel Essig, Salz, Pfeffer und zwei Eßlöffel Öl ein Dressing rühren. Eine feingewürfelte Schalotte dazugeben und das Dressing mit der Apfel-Sellerie-Mischung vermengen.

Suppentopf mit Gemüse und Rindfleisch

GERÄTE

Schnellkochtopf mit
Siebeinsatz
Kochtopf
Litermaß
Sieb
Schaumkelle
Küchengarn

ZEIT

Vorbereitung:
ca. 10 Minuten

Zubereitung:
ca. 20 Minuten,
ohne Schnellkochtopf
ca. 1 Stunde

NÄHRWERT

pro Portion

Kalorien (kcal):	380
Joule (kJ):	1600
Eiweiß (g):	24
Fett (g):	17
Kohlenhydrate (g):	28

VORBEREITUNG

1. Suppengemüse (Sellerie, Möhre, Lauch und Petersilienwurzel) schälen. Dunkelgrüne Blätter und Wurzelansatz vom Lauch abschneiden.
2. Lauch längs einschneiden und den Sand zwischen den Blattschichten mit kaltem Wasser herausspülen.
1-2 Sellerieblätter zum Mitkochen dazulegen.
3. Geschälte Möhren in $\frac{1}{2}$ cm dicke Scheiben schneiden.
4. Die Enden der Selleriestangen abschneiden, Fäden entlang der Stange abziehen. Selleriestangen dann in Scheiben schneiden.
5. Stielansatz und Spitzen von den gesäuberten Bohnen abschneiden. Bohnen in ca. 3 cm lange Stücke brechen.
6. Kartoffeln schälen, waschen und würfeln.
Arbeitsablauf: Zuerst das Fleisch aufsetzen. Während es gart, das Gemüse putzen und zerkleinern. In den Siebeinsatz des Schnellkochtopfes legen. Wenn das Gemüse gart, die Petersilie fein hacken.

EINKAUF

250 g Suppenfleisch

Beste Wahl: Nicht zu fette, fleischige Hochrippe (Schmorrippe) vom Rind. Knochen vom Metzger lösen lassen, aber mitnehmen. Sie werden mitgekocht.

1 Bund Suppengemüse

Bestehend aus Möhre, Sellerie, Lauch und Petersilienwurzel.

Knoblauch

Thymian

Gibt's frisch als Bund oder in kleinen Töpfen.

2 mittelgroße Möhren

Staudensellerie

Staudensellerie (Stangen- oder Bleichsellerie) ist nur als ganze Staude erhältlich. Auf feste Stangen mit frisch aussehenden Blättern achten. Sind die Blätter entfernt, sollten die Schnittflächen nicht vertrocknet aussehen.

Grüne Bohnen

Grüne Bohnen sind nur kurz lagerfähig und welken rasch, deshalb bald nach dem Einkauf verarbeiten. Durch Importe ganzjährig erhältlich.

3 mittelgroße Kartoffeln

Glatte Petersilie

Lorbeerblatt

ZUTATEN

Für 2 Portionen

1 Bund Suppengemüse

1 Knoblauchzehe

1 Lorbeerblatt

1 Zweig Thymian

250 g Suppenfleisch

½ l Wasser

2 Möhren (150 g)

100 g Staudensellerie

100 g grüne Bohnen

150 g Kartoffeln

1 Bund Petersilie

Salz

Garniervorschlag:
Zartgrüne Staudensellerieblättchen

1. Lorbeer, Thymian und Knoblauch in den Lauch hineindrücken, Lauch und übriges Suppengemüse mit Küchengarn zusammenbinden.

2. Das Suppenfleisch würfeln und in den Schnellkochtopf geben.

3. Knochen und Gemüsebund ebenfalls in den Topf geben, ½ l kaltes Wasser aufgießen. Bei starker Hitze zum Kochen bringen.

4. Den aufsteigenden Schaum dabei öfter abschöpfen. Topf verschließen, unter Druck alles etwa 15 Minuten garen.

5. Topf öffnen, Siebeinsatz mit Gemüse hineinstellen. Unter Druck 2 Minuten weitergaren. Erneut öffnen, Einsatz entnehmen. Knochen und Gemüsebund entfernen.

6. Die Brühe in einem anderen Topf seihen und leicht salzen. Petersilie, Fleisch und Gemüse kurz in der Brühe erhitzen.

Meine Tips und Tricks

— Weinempfehlung: Ein leichter, frischer Weißburgunder (z. B. aus Rheinhessen) oder ein Grüner Veltliner aus Österreich.

— Der Suppentopf mit Gemüse und Rindfleisch schmeckt am besten in der kühleren Jahreszeit. In der Tasse als Magenanwärmer vor dem Hauptgang. Oder im Teller als eintopfähnliches Gericht zum Sattessen.

— Der Trick bei diesem Suppentopf: Die kräftige Brühe wird zuerst nur mit dem Suppengemüse gekocht, das man danach wegwirft. Das Gemüse für die Suppeneinlage dagegen hat eine sehr kurze Garzeit, damit es nicht auslaugt. Es wird über der Brühe gedämpft und kommt zum Schluß in die servierfertige Suppe.

— Wenn die Brühe nicht trübe werden soll, kann man die Kartoffeln separat in wenig leicht gesalzenem Wasser garen. Ganz zum Schluß in die Suppe geben. Wer eine ganz klare Brühe bevorzugt, muß sie durch ein Tuch gießen.

— Besonders delikate Varianten: Eine Poulardenkeule mitgaren oder kurz vor dem Servieren ein kurzgebratenes Entenbrustfilet in Scheiben schneiden und mit dem Suppentopf anrichten. Alternative: Enten-Pot-au-feu (siehe Rezept).

— Eventuell übrigen Staudensellerie am nächsten Tag für eine andere Suppe (siehe Gemüseschaumsuppe) verwenden.

Fisch

Meeresfrüchte aus dem Wein-Kräuter-Dampf

82

GERÄTE

Schnellkochtopf mit
Siebeinsatz
Küchenbürste
Litermaß
Sieb

ZEIT

Vorbereitung:
ca. 10 Minuten

Zubereitung:
ca. 20 Minuten,
ohne Schnellkochtopf
ca. 30 Minuten

NÄHRWERT

pro Portion

Kalorien (kcal):	380
Joule (kJ):	1600
Eiweiß (g):	39
Fett (g):	10
Kohlenhydrate (g):	7

VORBEREITUNG

1. Riesengarnelen hinter dem Kopf festhalten, Kopf mit der anderen Hand durch leichte Drehung entfernen, wegwerfen. Beim Kaisergranat den Kopf mit den Scheren genauso entfernen (Verwendung siehe "Meine Tips und Tricks").
2. Ungeschälte Knoblauchzehe mit einem Messerrücken zerdrücken.
3. Schalotte fein würfeln.
4. Dunkles Grün und Wurzelansatz vom Lauch abschneiden. Lauch waschen und in Streifen schneiden.
5. Dicke Kräuterstiele abschneiden und beiseite legen.
Arbeitsablauf: Muscheln während der Vorbereitung waschen und säubern. Übrigens: Nicht alle offenen Muscheln sind ungenießbar. Erst wenn sie sich nach leichtem Anklopfen nicht schließen, muß man sie wegwerfen. Muscheln, die sich nach dem Garen nicht geöffnet haben, wegwerfen. Sie sind auf jeden Fall ungenießbar.

EINKAUF

4 Riesengarnelen

Riesengarnelen (Prawns, Hummerkrabben) sind sehr eiweißreich und haben nussig schmekkendes festes Fleisch. Dieses Rezept erfordert ungekochte (graue) Riesengarnelen mit Schale.

2 Stück Kaisergranat

Kaisergranat (Scampi, Langostinos) ist eine kleine, dem Hummer ähnliche Krebsart mit sehr schlanken Scheren. Ungekocht mit Schale kaufen.

500 g Miesmuscheln

Immer erst am Tag der Zubereitung kaufen. Muscheln müssen einen frischen Seewassergeruch haben. Angebotszeit: September bis April (alle Monate mit einem „r").

250 g Fischfilet

Wahlweise Rotbarsch- oder Lengfischfilet.

1 Zitrone
Knoblauch
Schalotte
1 kleine Stange Lauch
Dill
Thymian
Estragon

Estragon gibt's wie Thymian in kleinen Töpfen. Ideal für den Kräutervorrat auf der Fensterbank.

Glatte Petersilie
Lorbeerblatt
Weißwein (trocken)

ZUTATEN

Für 2 Portionen

4 Riesengarnelen (ca. 200 g)
2 Stück Kaisergranat (ca. 125 g)
500 g Miesmuscheln
250 g Fischfilet
1 Zitrone
1 Bund Dill
½ Bund Thymian
1 Töpfchen Estragon
1 Bund Petersilie
1 Schalotte (30 g)
1 TL Butter (10 g)
1 Knoblauchzehe
½ Lorbeerblatt
6 weiße Pfefferkörner
1 Stange Lauch (125 g)
¼ l Weißwein
Salz

Garniervorschlag:
Frische Kräuter, die auch für dieses Rezept verwendet werden.

1. Riesengarnelen- und Kaisergranatschwänze längs halbieren. Schwarzen, fadenähnlichen Darm entfernen. Krustentierhälften gründlich abspülen.

2. Muscheln säubern und abspülen, Muschelfäden entfernen. Fischfilet gut trockentupfen, grob würfeln, mit Zitronensaft säuern.

3. Siebeinsatz eines Schnellkochtopfes mit Kräutern auslegen, Muscheln und übrige Meeresfrüchte gleichmäßig darauf verteilen.

4. Schalotte bei mittlerer Hitze in zerlassener Butter andünsten, Kräuterstiele, Knoblauch, Lorbeer, Pfeffer, Lauch und Weißwein zugeben, aufkochen.

5. Siebeinsatz mit den Meeresfrüchten in den Topf stellen. Topf verschließen und alles unter Druck 2-3 Minuten garen. Topf öffnen.

6. Siebeinsatz entnehmen. Dämpfsud durch ein Sieb in einen kleinen Topf gießen, leicht salzen und verfeinern (siehe "Meine Tips und Tricks").

Meine Tips und Tricks

— Weinempfehlung: Ein säuerlicher Weißwein, z. B. Chablis oder ein Chardonnay aus Norditalien (Friaul, Südtirol).

— Riesengarnelen und Kaisergranat werden für dieses Rezept halbiert, weil sie sonst eine doppelt so lange Garzeit hätten wie die übrigen Meeresfrüchte.

— Das Scherenfleisch des Kaisergranats ist ebenfalls eßbar, jedoch lohnt sich das Auspuhlen nur bei größeren Exemplaren. Die kleinen, extrem dünnen Scheren können auch für einen Fischfond verwendet werden (etwas anschlagen).

— Der Sud der Meeresfrüchte ergibt eine ausgezeichnete Sauce. Dazu ein Eigelb mit vier Eßlöffeln Sahne verquirlen und den Sud damit binden.

— Wenn man größere Mengen zubereitet, ist es besser, die Muscheln separat zu garen. Dafür eine gewürfelte Zwiebel und eine Knoblauchzehe sowie ein Bund kleingeschnittenes Suppengemüse in wenig Butter andünsten. ½ l Weißwein aufgießen

und aufkochen. Muscheln zugeben und zugedeckt 5-8 Minuten garen. Die Muscheln sind gar, wenn sie sich geöffnet haben.

— Ebenfalls sehr gut geeignet für diese Art der Zubereitung sind auch Venus- oder Herzmuscheln und Tintenfisch.

— Zu den Meeresfrüchten aus dem Wein-Kräuter-Dampf schmeckt knusprig aufgebackenes Baguette besonders gut.

— Serviertip: Gabeln zum Lösen des Fleisches aus den Schalen und Löffel für den schmackhaften Sud mitdecken. Separate Teller für die leeren Meeresfrüchteschalen nicht vergessen. Schälchen mit warmem Zitronenwasser zum Säubern der Finger auf den Tisch stellen.

Pochierte Schollenfilets mit Orangensauce und Petersilienklößchen

GERÄTE

3 Kochplatten
4 Kochtöpfe
Litermaß
Rührschüssel
Sieb
Schneebesen
Schaumkelle
Zitronenpresse

ZEIT

Vorbereitung:
ca. 10 Minuten
Zubereitung:
ca. 30 Minuten

NÄHRWERT

pro Portion

Kalorien (kcal):	750
Joule (kJ):	3150
Eiweiß (g):	46
Fett (g):	31
Kohlenhydrate (g):	52

VORBEREITUNG

Für die Klößchen Petersilie hacken.
Arbeitsablauf: Zuerst die Petersilienklößchen zubereiten. Während die Klöße garziehen, die Orangensauce zubereiten und zum Schluß die Schollenfilets garziehen lassen. Orangenfilets zum Schluß nur kurz in der Sauce anwärmen, sonst zerfallen sie.

EINKAUF

6 kleine Schollenfilets

Schollen (Goldbutt) sind sehr eiweißreich und fettarm. Sie haben weißes, sehr zartes Fleisch. Schollenfilets gibt es auch tiefgefroren. Auftauzeit berücksichtigen (2-3 Stunden). Alternativen: Forellen- oder Zanderfilet.

1 mittelgroße Orange
Orangensaft

Für dieses Rezept preiswerten, fertigen Orangensaft kaufen, da er zum Kochen benötigt wird.

2 Zitronen
2 Bund Petersilie

Beste Wahl: Glatte Petersilie. Sie ist geschmacksintensiver als krause.

Vollmilch
Butter
2 Eier
Mehl

Universalhaushaltsmehl, Weizenmehl Type 405. Tip: Für die Klöße 50 g Mehl und 25 g Grieß mischen, dann werden sie lockerer.

Weißwein (trocken)
Muskatnuß

Würzt frisch gerieben intensiver als Muskatpulver.

ZUTATEN

Für 2 Portionen

Schollenfilets

360 g Schollenfilet
1 Zitrone
¼ l Orangensaft
¼ l Wasser
Salz

Orangensauce

1 Orange
⅛ l Weißwein
⅛ l Orangensaft
1 Zitrone
Salz

Petersilienklößchen

⅛ l Milch
50 g Butter
75 g Mehl
2 Eier
2 Bund Petersilie
1 Prise Muskat
Salz

1. Für die Klößchen Milch, Butter, ¼ TL Salz und eine Prise Muskat aufkochen. Das gesiebte Mehl auf einmal dazuschütten.

2. So lange rühren, bis sich ein Kloß gebildet hat. Diesen Teigkloß rundherum zu einer zähen, festen Masse abbrennen lassen.

3. In eine Schüssel geben, kräftig durchschlagen und die Eier sowie die gehackte Petersilie unter den Teig arbeiten.

4. Von dem Petersilien-Brandteig mit 2 Eßlöffeln kleine Klößchen abstechen und in leicht gesalzenem heißen Wasser 6 Minuten lang garziehen lassen.

ORANGENSAUCE

1. Orange einschließlich der weißen Innenhaut schälen (Phasenfotos siehe Orangengratin). Einzelne Filets zwischen den Trennhäuten herausschneiden.

5. Die Schollenfilets längs halbieren, Hälften nochmals teilen. Zitronen- und Orangensaft, Wasser und eine Prise Salz in einem Topf erhitzen, aber nicht kochen lassen.

2. Orangenreste gut ausdrücken und den Saft in einem kleinen Topf auffangen. Weißwein und Orangensaft zugießen, aufkochen lassen.

6. Die Schollenfilets in die heiße Flüssigkeit geben und etwa 1 Minute lang garziehen lassen. Vorsichtig mit einer Schaumkelle herausheben und abtropfen lassen.

3. Etwa auf die Hälfte der Menge einkochen und die Orangensauce mit Zitronensaft sowie einer Prise Salz abschmecken. Orangenfilets kurz darin erwärmen.

Meine Tips und Tricks

— Weinempfehlung: Ein Riesling aus dem Rheingau oder aus dem Elsaß.
— Vor dem Servieren die Sauce kurz aufmixen und eventuell eine Butterflocke unterrühren.
— Noch besser schmeckt die Orangensauce, wenn man nach dem Einkochen zwei Eßlöffel Crème double unterrührt. Das ist eine cremige, gerinnungsstabile, fette Sahne (45 Prozent). Sie ist ideal zum Abrunden feiner Saucen, deren Eigengeschmack erhalten bleiben soll. Ersatzweise kann man die feinsäuerliche Crème fraîche verwenden.

— Die Petersilienklößchen kann man auch gut als Beilage zu anderen Fischgerichten oder als Einlage für Suppen (Tomatensuppe, klare Brühen) verwenden.
— Exklusive Varianten: Schollenfilets durch Filets von Seezunge, Steinbutt oder St. Petersfisch ersetzen.

Zanderfilet auf dem Lauchbett

GERÄTE

Schnellkochtopf mit
Siebeinsatz
2 Kochtöpfe
Litermaß
Schneebesen
Zitronenpresse
Küchenpinsel

ZEIT

Vorbereitung:
ca. 5 Minuten

Zubereitung:
ca. 15 Minuten,
ohne Schnellkochtopf
ca. 20 Minuten

NÄHRWERT

pro Portion

Kalorien (kcal):	360
Joule (kJ):	1510
Eiweiß (g):	37
Fett (g):	16
Kohlenhydrate (g):	14

VORBEREITUNG

1. Wurzelansatz vom Lauch abschneiden. Von älteren, dicken Lauchstangen die dunkelgrünen Blätter abschneiden und nur das helle "Herz" verwenden. Lauch waschen.
2. Estragon von den Stielen zupfen. Stiele für das Zanderfilet beiseite legen. Estragon und Schnittlauch fein schneiden.
3. Knoblauchzehe mit einem Messerrücken zerdrücken.
Arbeitsablauf: Zuerst den Lauch dünsten. Zugedeckt beiseite stellen. Dann das Fischfilet dämpfen und, während es gart, die Sauce aus dem Lauchfond zubereiten. Sofort servieren.

EINKAUF

2 Stücke Zanderfilet

Zander, ein Süßwasserfisch, hat sehr zartes, wohlschmeckendes und eiweißreiches Fleisch. Für dieses Rezept wird das schiere Filet benötigt. Alternative: Filet von Kabeljau.

6-8 kleine Lauchstangen

Ganz jungen Lauch verlangen, bei dem auch die dunkelgrünen Blätter sehr zart sind. Das dunkle Grün von älteren, dickeren Lauchstangen wird in der Neuen Küche nur zum Auskochen verwendet.

Estragon

Frisch in kleinen Töpfen erhältlich.

Schnittlauch

Knoblauch

Lorbeerblatt

1 Zitrone

Crème fraîche

Crème fraîche gibt es mit unterschiedlichen Fettgehalten (zwischen 30 und 40 Prozent). Möglichst eine mit geringerem Fettanteil kaufen.

ZUTATEN

Für 2 Portionen
Lauchgemüse

400 g Lauch

1 TL Butter (10 g)

4 Zweige Estragon

½ Bund Schnittlauch

60 g Crème fraîche

Zitronensaft

Salz

Zanderfilet

2 Zanderfilets à 180 g

⅛ l Wasser

1 kleines Lorbeerblatt

1 kleine Knoblauchzehe

Salz

Garniervorschlag:
Estragonblättchen

1. Den geputzten, gewaschenen Lauch in kleine Ringe oder feine Streifen schneiden. Eine Kochplatte auf mittlere Hitze schalten und vorheizen.

2. Einen Topf dünn mit Butter auspinseln, Lauch und Kräuter hineinschütten, leicht salzen.

3. Auf der vorgeheizten Kochplatte zugedeckt 2 Minuten dünsten, dann in ein Sieb schütten. Den Dünstfond in einem kleinen Topf auffangen.

4. Lauch warm stellen. Dünstfond mit Crème fraîche verrühren, einmal kurz durchkochen lassen. Mit Zitronensaft abschmecken. Fischfilet in einen Siebeinsatz legen.

5. $\frac{1}{8}$ l leicht gesalzenes Wasser, Lorbeerblatt, Knoblauchzehe und Estragonstiele aufkochen. Einsatz mit dem Zander hineinstellen, Schnellkochtopf verschließen.

6. 1-2 Minuten unter Druck garen, den Topf öffnen und den Einsatz mit dem Fischfilet entnehmen. Auf vorgewärmten Tellern mit dem Lauch und der Sauce anrichten.

LAUCHSUPPE

1. Eine feingehackte Schalotte in wenig heißer Butter andünsten. 250 g feingeschnittenen Lauch dazuschütten und kurz mitdünsten. $\frac{1}{8}$ l Wasser aufgießen, leicht salzen.

2. Zugedeckt ca. 10 Minuten garen, dann mit einem Pürierstab oder in einem Mixer pürieren.

3. Etwa 2 EL Crème fraîche unterrühren. Die Suppe mit wenig Salz und frisch geriebenem Muskat würzen. Je $\frac{1}{2}$ Bund Schnittlauch und Estragon fein schneiden, zugeben.

Meine Tips und Tricks

— Weinempfehlung: Ein Müller-Thurgau Kabinett (z. B. aus Franken) oder ein Grüner Veltliner aus Österreich.

— Die Sauce für das Lauchgemüse wird noch feiner im Geschmack, wenn man zum Schluß eine Butterflocke hineingibt und alles mit dem Handmixer kräftig aufschlägt.

— Einige feingeschnittene Estragonblättchen machen die Sauce noch raffinierter.

— Wenn alles für ein großes Menü rechtzeitig vorbereitet werden muß, den Lauch und die Kräuter nur eine Minute dünsten, nach dem Abtropfen abkühlen lassen und kurz vor dem Servieren in etwas heißer Butter warmschwenken. Alternative: Lauch in der Sauce erhitzen.

— Eine Kostprobe wert ist die Variation dieses Rezeptes mit Kabeljaufilet. Dazu am besten ein sehr leichtes Kartoffelpüree servieren.

Hechtklößchen in Cidresauce mit Tomatenreis

88

EINKAUF

200 g Hechtfilet

Hecht ist wie Zander ein eiweißreicher Süßwasserfisch mit festem, unter der Haut leicht rötlichem Fleisch. Er ist allerdings grätenreicher.

Schalotte

3 kleine feste Tomaten

1 Zitrone

¼ l süße Sahne

2 Eier

Reis

Sorte: Langkornreis (Patnareis). Nach dem Kochen weiß, körnig. Besonders locker und körnig kochend: Parboiled Reis (speziell behandelt).

Cidre (herb)

Cidre ist ein ursprünglich französischer Apfelwein mit geringem Alkoholgehalt (fünf Prozent). Wird auch in Deutschland hergestellt. Ersatzweise einen trockenen Weißwein nehmen.

Cayennepfeffer

Sehr scharfes, rötliches Pfefferpulver. Vorsichtig dosieren.

Muskatnuß

ZUTATEN

Für 2 Portionen

Hechtklößchen

200 g Hechtfilet

1 Eiweiß

⅛ l süße Sahne

1 Prise Muskat

Salz

Cidresauce

0,1 l herber Cidre

0,1 l süße Sahne

2 Eigelb

1 Zitrone

1 Msp Cayennepfeffer

Salz

Tomatenreis

100 g Langkornreis

1 TL Butter (10 g)

1 Schalotte (30 g)

0,2 l Wasser

3 Tomaten (150 g)

Salz

Garniervorschlag:
Frische Dillzweige

GERÄTE

Gefriergerät oder Gefrierfach
Handrührgerät mit Pürierstab oder Mixer
3 Kochplatten
3 Kochtöpfe
Litermaß
Rührschüssel
Sieb
Schneebesen
Schaumkelle
Zitronenpresse

ZEIT

Vorbereitung:
ca. 15 Minuten

Zubereitung:
ca. 40 Minuten

NÄHRWERT

pro Portion

Kalorien (kcal):	780
Joule (kJ):	3280
Eiweiß (g):	28
Fett (g):	48
Kohlenhydrate (g):	50

VORBEREITUNG

1. Eier trennen, ein Eiweiß kalt stellen.
2. Sahne kalt stellen.
3. Schalotte fein würfeln.
4. Tomaten (Stielansatz keilförmig herausschneiden) 2-3 Sekunden in kochendes Wasser tauchen, kalt abspülen und die Haut abziehen. Halbieren, entkernen und das Fruchtfleisch würfeln. Arbeitsablauf: Zuerst Hechtfleisch würfeln und anfrosten, dann den Reis ausquellen lassen. Während der Reis gart, Klößchen und Sauce zubereiten.

1. Das Hechtfilet in dünne Streifen schneiden und sehr fein würfeln. Etwa 15 Minuten lang im Gefrierfach anfrosten lassen.

2. Dann mit dem kalten Eiweiß, je einer Prise Salz und Muskat pürieren.

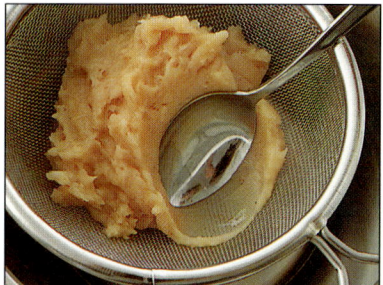

3. Durch ein feines Sieb streichen. Nach und nach die kalte Sahne unter die Hechtmasse rühren. Abschmecken und erneut 10 Minuten anfrosten.

4. Mit zwei nassen Teelöffeln kleine Klößchen abstechen, in heißes Salzwasser geben. 6 Minuten garziehen lassen. Abgetropft anrichten.

5. Cidre erhitzen, aber nicht kochen lassen. Sahne und Eigelb miteinander verquirlen und durch ein Sieb zum heißen Cidre gießen.

6. Eigelbsahne und Cidre gut miteinander verrühren. Sauce mit Salz, Zitronensaft sowie mit Cayennepfeffer abschmecken.

TOMATENREIS

1. Den Reis in ein Sieb schütten, kalt abbrausen und abtropfen lassen. Die Butter zerlassen und die Schalotte darin glasig dünsten.

2. Den abgetropften Reis dazuschütten, unter Rühren kurz mitdünsten. 0,2 l Wasser aufgießen, leicht salzen. 2 Minuten offen kochen lassen.

3. Dann zugedeckt bei geringster Hitze 10-15 Minuten lang ausquellen lassen. Zum Schluß das Tomatenfruchtfleisch unter den Reis heben.

Meine Tips und Tricks

— Weinempfehlung: Zu diesem Gericht paßt ein Weißwein (z. B. ein Pfälzer Riesling Kabinett) oder ein Loire-Wein (z. B. ein Pouilly Fumé).

— Die Hechtklößchen werden besonders locker und noch zarter, wenn man die Hälfte des Hechtfilets durch Steinbutt- oder Glattbuttfilet ersetzt.

— Drei bis vier Tropfen Anisschnaps (Pernod) geben der Hechtmasse eine besonders interessante Geschmacksnote.

— Die Sauce wird noch aromatischer, wenn man die doppelte Menge Cidre nimmt und etwa zur Hälfte einkochen läßt.

— Die Cidresauce paßt auch zu pochierten Schollenfilets, und der Tomatenreis ist eine ideale Beilage zu kurzgebratenen oder gegrillten Fisch- und Fleischstücken.

— Kleinere Reste der Cidresauce kann man zum Verfeinern von Suppen (Gemüseschaumsuppe, Kerbelsuppe) nehmen. Die Suppen dürfen danach jedoch nicht mehr kochen, sonst kann das Eigelb gerinnen und ausflocken.

— Sehr dekorativ sieht es aus, wenn der Reis wie auf dem großen Foto als Timbal auf dem Teller angerichtet wird. Dazu gibt es spezielle Formen, aber mit einer Tasse erzielt man den gleichen Effekt. So wird's gemacht: Tasse etwas einfetten, Reis hineindrücken und auf Eßteller stürzen.

— Die Hechtklößchen schmecken auch gut in Suppen (Tomaten-, Kerbel- oder andere Kräutersuppen).

Fischfilet mit Champignons und Kräutern in Folie

GERÄTE

Pfanne
Schälchen
Küchenpinsel
Aluminiumfolie

ZEIT

Vorbereitung:
ca. 5 Minuten
Zubereitung:
ca. 25 Minuten

NÄHRWERT

pro Portion

Kalorien (kcal):	260
Joule (kJ):	1090
Eiweiß (g):	40
Fett (g):	6
Kohlenhydrate (g):	5

VORBEREITUNG

1. Fischfilets kurz unter fließendem kalten Wasser säubern. Mit Küchenpapier trockentupfen.
2. Pilze mit einem Küchenpinsel säubern. Sandigen Fuß der Pilze abschneiden. Tip: Größere Mengen Pilze in kaltem Wasser säubern, das mit dem Saft einer Zitrone und 2-3 EL Mehl vermischt wurde; dann bleiben sie schön hell. Arbeitsablauf: Für ein größeres Menü kann alles fertig vorbereitet werden (Phasenfotos 1-4).
Tip: Man kann sehr gut mehrere Folienpakete gleichzeitig garen. Den Backofen dazu rechtzeitig auf 200 Grad vorheizen. Die Folienpakete 15-20 Minuten vor dem Servieren hineingeben.

EINKAUF

2 Portionen Fischfilet

Sorte nach Wunsch. Zum Beispiel Kabeljau-, Rotbarsch- oder Seelachsfilet. Festes, glänzendes und angenehm riechendes Fischfilet wählen.

1 Zitrone
200 g Champignons

Beste Wahl: Weiße Champignons mit kleinen, geschlossenen Köpfen. Rosa Champignons können den Sud, der sich beim Garen bildet, unansehnlich färben.

Schalotte

Kleine, aromatische Gewürzzwiebelsorte, die besonders schnell gart.

Estragon

Feinaromatisches Küchenkraut. Frisch in kleinen Töpfen erhältlich.

Petersilie

Beste Wahl: Glatte Petersilie. Sie hat ein intensiveres Aroma als krause.

Schnittlauch
Weißwein (trocken)

Hier können gut Weinreste verwertet werden.

ZUTATEN

Für 2 Portionen

400 g Fischfilet
200 g weiße Champignons
1 Zitrone
8 Zweige Estragon
½ Bund Petersilie
½ Bund Schnittlauch
1 Schalotte (30 g)
1 TL Butter (10 g)
4 EL Weißwein
Salz

Garniervorschlag:
Etwas glatte Petersilie und Schnittlauch.

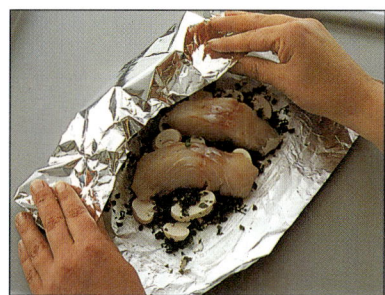

1. Das gesäuberte Fischfilet in 3 cm breite Streifen, Champignons in Scheiben schneiden, säuern. Kräuter fein schneiden, Schalotte würfeln, beides miteinander mischen.

2. Zwei gleich große Stücke Aluminiumfolie (30 x 30 cm) mit Butter bepinseln. Pilze und Kräutermischung jeweils auf eine Hälfte der Folie geben.

3. Fisch leicht salzen, auf die Kräuterchampignons legen und jeweils 2 EL Weißwein dazugeben. Folie darüberschlagen, zweimal umfalten und fest zusammendrücken.

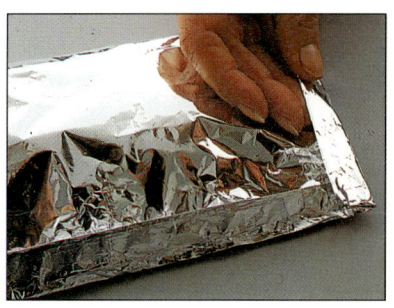

4. Seitliche Folienenden ebenfalls zusammenfalten, gut zudrücken.

5. Die Folienpakete bei mittlerer Hitze in einer leeren Pfanne bis zum Aufblähen erhitzen. Bei ausgeschalteter Kochplatte 4 Minuten lang garen.

6. Folie vorsichtig öffnen, Inhalt auf je einen Teller gleiten lassen.

GEDÄMPFTE KARTOFFELN

1. 375 g Kartoffeln mit einem Sparschäler schälen und in kaltem Wasser säubern. Abgetropft in den Siebeinsatz des Schnellkochtopfes legen.

2. $\frac{1}{8}$ l Wasser mit einer Prise Salz im Schnellkochtopf bei starker Hitze aufkochen. Zwei Zweige Petersilie dazugeben.

3. Siebeinsatz in den Topf stellen. Topf verschließen und Druck aufbauen. Bei geringer Hitze 5 Minuten garen, abdampfen und den Topf öffnen.

Meine Tips und Tricks

— Weinempfehlung: Ein Pinot Blanc aus Italien oder eine Silvaner Spätlese aus der Pfalz.

— Das Garen in der Folie gehört mit zu den schonendsten Zubereitungsmethoden. Besonders köstlich ist der Sud, der sich dabei in der Folie sammelt. Er enthält das ganze Aroma von Fisch, Kräutern, Pilzen und Wein.

— Bei diesem Zwischen- oder Hauptgericht gibt es zwei Serviermöglichkeiten. Entweder wird es wie auf dem großen Foto fertig auf einem Teller angerichtet, oder das Fischfilet kommt in der Folie auf den Tisch, damit man Duft und Aroma beim Öffnen der Folie genießen kann.

— Als Beilage eignen sich gedämpfte Kartoffeln oder körnig gekochter Reis.

— Alternative ohne Fisch: Blättrig geschnittene Champignons in einem Teelöffel zerlassener Butter mit einer gehackten Schalotte andünsten. Mit feingehackten Kräutern (Petersilie, Schnittlauch), einer Prise Salz, einer Messerspitze Knoblauch und etwas Zitronensaft würzen. Auf gebuttertem Toast oder Schwarzbrotscheiben als kleinen Imbiß servieren.

Lachsschnitzel mit Spinatnudeln und Safransauce

VORBEREITUNG

Schalotte fein würfeln.
Arbeitsablauf:
Nudeln aufsetzen. Während die Nudeln kochen, Lachsschnitzel und Safransauce zubereiten.

EINKAUF

300 g Lachsfilet

Lachs (Salm) gehört zu den feinsten Edelfischen. Sein orange- bis hellrotes, relativ fettes, grätenarmes Fleisch hat ein zartes Aroma.
Kurze Garzeiten haben ihn zum Star der Leichten Küche gemacht. Allerdings ist er nicht ganz billig. Bräunliche Fettschicht entfernen lassen.

Schalotte

1 Zitrone

Safran

Safran gibt der Sauce die kräftige gelbe Farbe. Er wird aus den Blütennarben einer Krokusart (Safranpflanze) hergestellt und ist verhältnismäßig teuer. Safran würzt und färbt bereits in winzigen Mengen. Erhältlich in Fäden oder als Pulver. Luftdicht und dunkel aufbewahren.

1 Becher Crème double

Besonders fette (45%), cremige und löffelfeste Sahne, schlagfähig und geschmacksneutral. In Deutschland relativ neu. Ersatzweise: Die feinsäuerliche, milde Crème fraîche (zwischen 30 und 40 Prozent Fettgehalt).

Weißwein (trocken)

Spinatnudeln

Sorte nach Belieben. Alternative: Spinatnudeln selbst zubereiten (siehe Rezept Tagliatelle).

ZUTATEN

Für 2 Portionen

Lachsschnitzel mit Safransauce

300 g Lachsfilet

1 TL Butter (10 g)

1 Schalotte (20 g)

2 Msp Safran

⅛ l Weißwein

2 EL Crème double (60 g)

einige Tropfen
Zitronensaft

Salz, weißer Pfeffer

Spinatnudeln

¾ l Wasser

1 TL Öl

75 g Spinatnudeln

1 TL Butter (10 g)

Salz

1. Mit Hilfe einer Pinzette Gräten aus dem Lachsfilet herausziehen.

2. Das Filet mit Küchenpapier trockentupfen. In Streifen, dann in 3 cm große Stückchen schneiden. Kochplatte auf mittlere Hitze vorheizen. Einen Pfannenboden buttern.

3. Schalottenwürfel sowie 1 Msp Safran in die Pfanne geben.

4. Die Lachsstücke leicht salzen, auf die Schalotten legen und den Wein gleichmäßig darübergießen.

5. Zugedeckt auf der vorgeheizten Kochplatte 2 Minuten dünsten. Lachsstücke vorsichtig herausheben, Dünstfond in einen Topf seihen, Lachs in der Pfanne warm stellen.

6. Fond mit 1 Msp Safran aufkochen. Crème double einrühren, mit Salz, Pfeffer und Zitronensaft abschmecken.

SPINATNUDELN

1. Wasser und Öl zusammen aufkochen und salzen. Die Spinatnudeln ins Kochwasser schütten und nach Packungsanweisung, frische Nudeln 1-2 Minuten garen.

2. Garprobe: Eine Nudel herausfischen. Sie soll Biß haben, aber nicht nach Teig schmecken.

3. Die Nudeln in ein Sieb schütten, kurz kalt abbrausen und gut abtropfen lassen. Die Butter in den leeren Topf geben und die Nudeln darin heißschwenken. Leicht salzen.

Meine Tips und Tricks

— Weinempfehlung: Dazu paßt Weißwein — ein badischer Riesling oder Weißburgunder. Ganz ausgezeichnet: Ein Loire oder Côte de Provence.
— Lachsschnitzel mit Safransauce sind ein schnell zubereitetes und doch edles Gericht.
— Selbstgemachte Spinatnudeln (siehe "Tagliatelle") schmecken am besten. Anrichtevorschlag: Gekochte Nudeln mit einer langen, zweizinkigen Fleischgabel aufwickeln. Auf vorgewärmten Tellern abstreifen.
— Profis bereiten die Lachsschnitzel und die Sauce mit einem Fischfond (Brühe, Grundlage für eine gute Sauce, siehe "Mousse von Räucherforelle") zu. ¼ l Fischfond etwa zur Hälfte einkochen lassen (reduzieren). Lachsschnitzel wie auf den Phasenfotos 1-4

zubereiten. Statt Weißwein ⅛ l Fischfond angießen. Weitere Zubereitung wie beschrieben. Crème double und Fond eine halbe Minute gut durchkochen, im Mixer oder mit einem Pürierstab schaumig aufschlagen. Mit zwei bis drei Tropfen Anisschnaps (Pernod), Weißwein und Zitronensaft abschmecken.
— Verwendungsvorschläge für eventuell übriggebliebene Nudeln: In heißer Butter mit einer zerdrückten Knoblauchzehe und vielen frischen gehackten Kräutern heißschwenken. Oder feine, gedünstete Gemüsestreifen unter die Nudeln mischen und zu dieser Variante mal frische, gebratene Sardinen reichen.

Gebratenes Rotbarbenfilet auf kleiner Ratatouille

GERÄTE

Pfanne
2 Kochtöpfe
Schälchen
Sieb
Bratenwender

ZEIT

Vorbereitung:
ca. 20 Minuten

Zubereitung:
ca. 15 Minuten

NÄHRWERT

pro Portion

Kalorien (kcal):	370
Joule (kJ):	1560
Eiweiß (g):	34
Fett (g):	16
Kohlenhydrate (g):	14

VORBEREITUNG

1. Zucchini-Enden, Stiel und Blattkranz der Aubergine abschneiden.
2. Paprikaschote halbieren, Kerne entfernen. Schotenhälften mit kaltem Wasser ausspülen.
3. Fleischtomate (Stielansatz keilförmig herausschneiden) 3-5 Sekunden in kochendes Wasser tauchen. In kaltem Wasser abkühlen, Haut abziehen. Tomate halbieren und entkernen.
4. Gemüse in Würfel von ½ cm Kantenlänge schneiden.
5. Schalotten und Knoblauchzehe fein würfeln. Arbeitsablauf: Gemüse vorbereiten. Gewürfelte Auberginen mit Zitronensaft beträufeln, weil sich das Fruchtfleisch sonst bräunlich verfärbt. Während das Rotbarbenfilet brät, das Gemüse dünsten.

EINKAUF

2 große Rotbarbenfilets

Rotbarben, eine rötliche Seebarbenart, haben sehr wohlschmeckendes, festes Fleisch. Sie werden im Atlantik oder im Mittelmeer das ganze Jahr über gefangen, schmecken aber in den Sommermonaten besonders gut. Filets mit rotschillernder Haut verlangen. Bei kleineren Rotbarben vier Filets kaufen.

1 Zitrone

1 kleine Aubergine

Glatte, feste, glänzende Frucht mit grünem Stiel und Blattkranz wählen.

1 kleine Zucchini

Kleine feste Zucchini sind besonders zart.

1 kleine Paprikaschote

Beste Wahl: Eine knackige, rote Paprikaschote. Sehr Vitamin-C-haltig.

1 feste Fleischtomate

2 Schalotten

Knoblauch

1 kleine Dose Tomaten

Geschälte Dosentomaten haben ein sehr intensives Tomatenaroma.

Thymian

Gibt's frisch oder getrocknet. Schmeckt intensiv, deshalb vorsichtig dosieren.

ZUTATEN

Für 2 Portionen
Ratatouille

1 EL Olivenöl

2 Schalotten (80 g)

1 Knoblauchzehe

1 Zucchini (100 g)

1 Aubergine (150 g)

1 Paprikaschote (100 g)

1 Fleischtomate (100 g)

1 Msp Thymian

150 g geschälte Tomaten

Salz, Pfeffer

Rotbarbe

400 g Rotbarbenfilet

1 Zitrone

1 EL Butter (20 g)

Salz

Garniervorschlag:
Frische Basilikumblätter

1. Bei mittlerer Hitze Olivenöl erhitzen, Schalotten- sowie Knoblauchwürfel zufügen und darin andünsten. Keinesfalls bräunen!

2. Das kleingeschnittene Gemüse dazuschütten, leicht salzen und pfeffern. Mit Thymian würzen und zugedeckt 2 Minuten dünsten.

3. Die Dosentomaten durch ein Sieb streichen, etwas einkochen lassen und dieses Püree unter das Gemüse rühren. Abschmecken.

4. Das Fischfilet gleich nach dem Einkauf säuern und kühl stellen. Vor dem Braten sorgfältig trockentupfen.

5. Butter bei mittlerer Hitze schmelzen lassen. Fischfilet mit der Hautseite nach unten in die mäßig heiße Butter legen.

6. Bei geringster Hitze 2 Minuten braten. Vorsichtig wenden, ohne Hitze 2 Minuten weiterbraten und leicht salzen.

Meine Tips und Tricks

— Weinempfehlung: Ein Rosé-Wein von der Côte de Provence oder ein Weißherbst vom Kaiserstuhl.

— Ratatouille ist ein ursprünglich aus Südfrankreich stammender Gemüseeintopf. Diese kleine Ratatouille ist eine warme Gemüsebeilage und schmeckt übrigens auch kalt, beispielsweise als Vorspeise, sehr gut.

— Das Rotbarbenfilet kann man auch mit Cidresauce oder Lauchgemüse servieren.

— Auf den Knoblauch kann man bei dieser kleinen Ratatouille auch verzichten.

— Besonders aromatisch schmeckt das Gemüse, wenn es mit je einer Messerspitze Thymian, Rosmarin und Oregano gewürzt wird.

— Sehr gut paßt dazu auch der zarte, fleischige Boden einer gekochten Artischocke.

— Eine raffinierte Geschmacksvariante entsteht, wenn kurz vor dem Servieren einige Tropfen Balsamessig (ital. Aceto Balsamico) auf den Fisch geträufelt werden.

Geflügel

Poulardenbrust mit Paprikapürees

GERÄTE
Backofen
Handrührgerät mit
Pürierstab oder Mixer
Pfanne
2 Kochtöpfe
2 Schälchen
Bratenwender

ZEIT
Vorbereitung:
ca. 10 Minuten

Zubereitung:
ca. 30 Minuten

NÄHRWERT
pro Portion

Kalorien (kcal):	320
Joule (kJ):	1340
Eiweiß (g):	49
Fett (g):	7
Kohlenhydrate (g):	11

VORBEREITUNG

Paprikaschoten halbieren
und die Kerne heraus-
lösen. Verbliebene Kerne
unter fließendem kalten
Wasser herausspülen.
Tip: Die Paprikaschoten
kühlen nach dem An-
rösten schneller ab, wenn
man ein nasses Geschirr-
tuch darauflegt.
Arbeitsablauf: Paprika-
püree fertig zubereiten.
Vor dem Servieren nur
kurz erhitzen, während
nebenbei die Poularden-
brust brät.

EINKAUF

1 Poulardenbrust

Poularden sind beson-
ders zarte Fleischhüh-
ner. Sie sind sehr ei-
weißreich und leicht ver-
daulich. Die Brusthälften
kann man einzeln (aus-
gelöst) fertig abgepackt
kaufen. Beim Geflügel-
händler eine ausgelöste
Brust, also zwei Hälften
verlangen. Variante:
Hähnchenbrusthälften.

4 große Paprikaschoten

Paprikaschoten gibt es
in verschiedenen
Farben. Rote und gelbe
Paprika schmecken
besonders süßfruchtig
und mild. Grüne haben
einen herb-frischen
Geschmack. Alle Sorten
enthalten viel Vitamin C.
Feste, glatte Schoten
ohne schadhafte Stellen
aussuchen. Dekorativ:
Zwei rote und zwei gelbe
Paprikaschoten.

ZUTATEN

Für 2 Portionen
Paprikapüree

4 Paprikaschoten (600 g)
Salz

Poulardenbrust

400 g Poulardenbrust
1 EL Öl
Salz, weißer Pfeffer

Garniervorschlag:
Sehr feine Streifen von
verschiedenfarbigen
Paprikaschoten

1. Die Paprikahälften mit der Hautseite nach oben auf ein Backblech legen. Im vorgeheizten Backofen bei 225 Grad etwa 5-7 Minuten anrösten.

2. Herausnehmen, etwas abkühlen lassen und die lose Haut vorsichtig abziehen.

3. Paprikaschoten getrennt voneinander pürieren. Kurz vorm Servieren farblich getrennt unter ständigem Rühren erhitzen und leicht salzen.

4. Die Poulardenbrusthälften bei mittlerer Hitze in heißem Öl von jeder Seite etwa eine halbe Minute lang anbraten.

5. Wenden und bei geringer Hitze etwa 2 Minuten weiterbraten. Auf einen vorgewärmten Teller legen und eine Minute ruhen lassen. Leicht mit Salz und Pfeffer würzen.

6. Die Poulardenbrusthälften kurz vor dem Servieren schräg in $\frac{1}{2}$ cm dicke Scheiben schneiden.

Meine Tips und Tricks

— Weinempfehlung: Ausgezeichnet paßt ein Chablis oder ein Entre-deux-mers.

— Zu Poulardenbrust mit Paprikapürees schmecken Baguette, körniger Reis oder Nudeln.

— Besonders fleischig sind im Freiland aufgezogene und mit Körnern gefütterte Poularden. Zum Beispiel Maispoularden oder die aus Frankreich importierten Bresse-Poularden. Die Paprikapürees schmecken noch feiner, wenn man nach dem Erhitzen ein bis zwei Butterflöckchen unterrührt und die Pürees mit einigen Tropfen Zitronensaft abschmeckt.

— Paprikapüree paßt auch zu pochiertem oder gebratenem Fisch sehr gut.

— Die Poulardenbrust auf einem frischen Salat oder auf leichten Bouillonkartoffeln anrichten.

— Feine Variante: Poulardenbrust auf einer Crème aus püriertem Brokkoli servieren.

Hähnchenbrust mit Shrimps und Glasnudeln

GERÄTE

Pfanne
Kochtopf
2 Rührschüsseln
2 Schälchen
Sieb
Schneebesen
Zitronenpresse
Küchenschere
evtl. Knoblauchpresse

ZEIT

Vorbereitung:
ca. 5 Minuten

Zubereitung:
ca. 30 Minuten

NÄHRWERT

pro Portion

Kalorien (kcal):	480
Joule (kJ):	1970
Eiweiß (g):	45
Fett (g):	19
Kohlenhydrate (g):	35

VORBEREITUNG

1. Knoblauchzehe mit einer Knoblauchpresse oder einem Messerrücken zerdrücken.
2. Wurzelansatz, äußere Blattschicht und dunkles Grün von den Lauchzwiebeln abschneiden. Arbeitsablauf: Für ein größeres Menü kann alles fertig vorbereitet werden, so daß nur noch das Fleisch gebraten und alles andere erhitzt werden muß.

EINKAUF

1 Hähnchenbrust

Hähnchenbrusthälften gibt es fertig abgepackt ohne Brustknochen zu kaufen. Beim Geflügelhändler eine Hähnchenbrust, also zwei ausgelöste Hälften verlangen.

80 g Shrimps

Shrimps (Tiefseegarnelen, Grönlandkrabben) ohne Schale für dieses Rezept kaufen.

1 Zitrone
2 Lauchzwiebeln

Sehr zarte, milde Zwiebelsorte (Frühlingszwiebeln) mit Grün.

Knoblauch
Tomatenmark

Eine kleine Dose oder eine Tube Tomatenmark.

Sojasauce

Dunkelbraune, ostasiatische Würzsauce mit leicht malzigem Geschmack. Beste Wahl: Natürlich gebraute Sojasauce ohne Konservierungsstoffe.

Geflügelbrühe

Alternative: Geflügelfond aus dem Glas.

1 Paket Glasnudeln

Glasnudeln, chinesische Fadennudeln (Soeoen), sind in Spezialitätengeschäften oder Kaufhäusern erhältlich.

ZUTATEN

Für 2 Portionen

300 g Hähnchenbrust
3 EL Öl
1 TL Essig
2 EL Sojasauce
1 Knoblauchzehe
1 EL Tomatenmark (20 g)
2 Lauchzwiebeln (75 g)
80 g Shrimps
⅛ l Geflügelbrühe
1 Zitrone
Salz, Pfeffer
80 g Glasnudeln

Garniervorschlag:
Etwas vom dunklen Lauchzwiebelgrün in sehr feine Streifen schneiden und mit den Glasnudeln mischen.

1. Das Hähnchenbrustfilet in gleichmäßige, mundgerechte Stücke schneiden.

2. Öl, Essig, Sojasauce, Knoblauchzehe und Tomatenmark zu einer Marinade verrühren.

3. Geflügelfleisch damit vermischen und 15 Minuten marinieren. Ab und zu umrühren.

4. Inzwischen die Lauchzwiebeln klein schneiden. Zum Beispiel, wie hier auf dem Foto, längs vierteln und etwas auseinanderfächern.

5. Geflügelfleisch abtropfen lassen, Marinade auffangen. Fleischstücke in einer Pfanne mit heißem Öl von allen Seiten goldbraun anbraten.

6. Lauchzwiebeln und Shrimps kurz mit anschwenken, würzen. Warm stellen. Brühe und Marinade in die Pfanne geben. Kurz durchkochen, mit Zitronensaft würzen.

GLASNUDELN

1. Die Glasnudeln in einer Schüssel mit kaltem Wasser etwa 5 Minuten lang einweichen.

2. Nudeln herausheben, abtropfen lassen und mit einer Küchenschere in heißes, leicht gesalzenes Wasser schneiden.

3. Etwa 1 Minute darin garziehen lassen, dann zum Abtropfen in ein Sieb schütten.

Meine Tips und Tricks

— Weinempfehlung: Ein weißer Burgunder (z. B. Pouilly Fumé) oder ein badischer Riesling (Klingelberger).
— Dieses Gericht schmeckt auch ausgezeichnet mit Putenbrustfleisch.
— Feinschmecker-Variante: Statt Hähnchenbrust Stubenkükenbrüstchen verwenden. Zusätzlich kleine zarte Artischockenherzen untermischen.
— Eine pikante Note erhält das Geflügelfleisch, wenn man die Marinade (Würzflüssigkeit, die das Fleisch aromatisiert und besonders mürbe macht) zusätzlich mit etwas Sherry würzt.
— Durch den chinesischen Touch dieses Gerichtes kann das Geflügel auch durch Schweinefleisch ersetzt werden.

— Die Sauce wird sämiger, wenn man das marinierte Fleisch nach dem Abtropfen ganz leicht in etwas Speisestärke wendet, gut abklopft und dann anbrät. Weitere Zubereitung wie beschrieben. Mit einem Spritzer Sherry abschmecken.
— Die Glasnudeln sind nicht ganz einfach zu essen, weil sie sehr leicht von der Gabel gleiten. Deshalb sicherheitshalber Eßlöffel mitdecken.
— Übrige Glasnudeln aus der Packung wie oben beschrieben zubereiten und als Einlage in eine Suppe geben. Beispielsweise bei dem "Suppentopf mit Gemüse und Rindfleisch" die Kartoffeln weglassen und die Nudeln zum Schluß in die heiße Brühe geben.

Putenroulade mit Geflügellebersauce und Gurken-Tomaten-Gemüse

GERÄTE

Handrührgerät mit Pürierstab oder Mixer
Pfanne
3 Kochtöpfe
Litermaß
2 Rührschüsseln
1 Schälchen
Sieb
Bratenwender
Schneebesen
Zitronenpresse
Küchengarn
Gefrierfolie

ZEIT

Vorbereitung:
ca. 15 Minuten

Zubereitung:
ca. 35 Minuten

NÄHRWERT

pro Portion

Kalorien (kcal):	570
Joule (kJ):	2390
Eiweiß (g):	20
Fett (g):	29
Kohlenhydrate (g):	13

VORBEREITUNG

1. Champignons säubern. Erst kurz vor dem Andünsten fein hacken, sonst werden sie braun.
2. Schalotten fein hacken.
3. Pistazien grob hacken.
Arbeitsablauf: Eine Stunde vor dem Servieren Rouladen vorbereiten und schmoren, Gemüse vorbereiten, kurz vor dem Servieren zerkleinern und dünsten. Rouladen warmstellen und die Geflügellebersauce zubereiten.

EINKAUF

2 Putenbrustschnitzel

Putenbrust ist sehr eiweißreich und fettarm. Zwei möglichst gleich große Schnitzel von einer ausgelösten Brusthälfte verlangen.

75 g Hackfleisch

Für dieses Rezept mageres Kalbshackfleisch kaufen.

1 Stück Geflügelleber

Besonders zart: Putenleber. Alternative: Hähnchenleber.

4 Champignons

Wahlweise weiße oder die im Geschmack intensiveren rosa Champignons.

Schalotten
1 Zitrone
1 kleine Salatgurke
4 mittelgroße Tomaten
Pistazienkerne

Grüne, sehr fetthaltige, geschälte Kerne der Pistazie, eines in den Mittelmeerländern wachsenden Baumes.

1 Ei
Süße Sahne

ZUTATEN

Für 2 Portionen
Putenroulade

3 Schalotten
75 g Champignons
1 TL Butter
75 g Hackfleisch
1 Ei
2 EL süße Sahne
1 EL Pistazien (15 g)
300 g Putenbrustschnitzel
1 EL Öl
⅛ l Wasser
75 g Geflügelleber
1 Zitrone
Salz, Pfeffer

Gemüse

1 Salatgurke (400 g)
200 g Tomaten
30 g Butter
Salz, Pfeffer

Garniervorschlag:
Gemüse mit grob gemahlenem schwarzen Pfeffer bestreuen.

1. Eine gehackte Schalotte und die Champignons in heißer Butter andünsten. Abkühlen lassen.

2. Hackfleisch und Ei mit einem Pürierstab oder im Mixer pürieren. Nach und nach die Sahne untermixen. Champignons und Pistazien untermischen.

3. Putenschnitzel flachklopfen, leicht würzen, mit der Hackmasse bestreichen. Nicht zu fest aufrollen.

4. Die Rouladen mit Küchengarn zusammenbinden, damit sie in Form bleiben. In heißem Öl von allen Seiten goldbraun braten.

5. Übrige Schalottenwürfel kurz mitbraten, Wasser aufgießen, aufkochen. Zugedeckt 20 Minuten lang schmoren.

6. Rouladen warm stellen. Geflügelleber sehr fein würfeln, zum Fond geben und unterschwenken. Mit Zitronensaft abschmecken.

GURKEN-TOMATEN-GEMÜSE

1. Die Salatgurke schälen, längs halbieren und die Kerne mit einem Löffel herausschaben. Die Gurkenhälften dann in 2 cm breite Stücke schneiden.

2. Von vier Tomaten den Stielansatz keilförmig herausschneiden. Tomaten 3-4 Sekunden in kochendes Wasser tauchen, in kaltem Wasser abkühlen und häuten. Tomaten halbieren, entkernen und vierteln.

3. Gurkenstücke in heißer Butter andünsten. Nach 2 Minuten Tomaten zugeben, kurz miterhitzen. Mit je einer Prise Salz und Pfeffer würzen.

Meine Tips und Tricks

— Weinempfehlung: Ein Weißwein, z. B. ein Kerner aus Württemberg, oder ein Sancerre von der Loire.
— Vor dem Servieren das Küchengarn von den Rouladen entfernen. Rouladen mit einem scharfen Messer in 1 cm dicke Scheiben schneiden.
— Die raffinierte Variante der Geflügellebersauce: Statt Wasser Geflügelbrühe als Schmorflüssigkeit verwenden. Sauce mit einem Eßlöffel Cognac und einem gehackten Sardellenfilet würzen.
— Wichtig: Die Sauce darf beim Erwärmen nicht mehr kochen, da die Geflügelleber sonst gerinnen und ausflocken würde. Eine zusätzlich untergerührte Butterflocke macht die Sauce samtig und bewirkt eine leichte Bindung.

— Das Gemüse wird mit einer gehackten Schalotte und ein bis zwei Eßlöffeln Schnittlauchröllchen noch pikanter. Es paßt übrigens auch als Beilage zu kurzgebratenen Fleisch- und Fischstücken.
— Weitere Beilagenvorschläge: Gedämpfte Kartoffeln, Herzoginkartoffeln, Kartoffelkroketten.
— Feinschmecker-Variante dieses Gerichtes: Taubenbrustschnitzel und Taubenleber verwenden.

Rosa gebratene Entenbrust auf rotem Paprika mit Herzoginkartoffeln

GERÄTE

Backofen
Pfanne
2 Kochtöpfe
Litermaß
Fleischgabel oder
Bratenwender
Haarsieb
Schneebesen
Kartoffelpresse oder
-stampfer
Spritzbeutel (Sterntülle)
Geschirrtuch

ZEIT

Vorbereitung:
ca. 30 Minuten
Zubereitung:
ca. 30 Minuten

NÄHRWERT
pro Portion

Kalorien (kcal):   820
Joule (kJ):   3440
Eiweiß (g):   32
Fett (g):   43
Kohlenhydrate (g):   39

VORBEREITUNG

Kartoffeln schälen, in kaltem Wasser waschen und in leicht gesalzenem Wasser in ca. 20 Minuten zu Salzkartoffeln kochen (im Schnellkochtopf ca. 8 Minuten).
Paprikaschoten längs halbieren und entkernen. Restliche Kerne unter kaltem Wasser herausspülen. Schalotte fein hacken.
Arbeitsablauf:
Backofen auf 225 Grad vorheizen, Paprikaschoten anrösten. In der Zwischenzeit die Kartoffelmasse für die Herzoginkartoffeln vorbereiten. Paprikaschoten aus dem Backofen nehmen und Herzoginkartoffeln in den Ofen schieben. Entenbrust zubereiten.

EINKAUF

1 kleine Entenbrust

Beim Geflügelhändler oder in Frischgeflügelabteilungen der Kaufhäuser auch ausgelöst (ohne Brustknochen) erhältlich. Zwei kleine Brusthälften aussuchen.

2–3 rote Paprikaschoten

Rote Paprikaschoten haben ein besonders saftiges, leicht süßliches Fruchtfleisch mit sehr hohem Vitamin-C-Gehalt. Beste Wahl: Glatte, feste Schoten ohne schlechte Stellen (eine kann schon den Geschmack verderben).

Schalotte

Kleine, aromatische Gewürzzwiebelsorte, die besonders schnell gart.

5 mittelgroße Kartoffeln
1 Ei
Crème fraîche

Milde, feinsäuerliche, cremige Sahne mit einem Fettgehalt zwischen 30 und 40 Prozent.

Rotwein (trocken)
Muskatnuß

Frisch geriebene Muskatnüsse würzen intensiver als gekauftes Pulver.

Geflügelbrühe

Gibt's in guter Qualität fertig zu kaufen. Alternative: Selbst zubereiten (siehe Rezept Enten-Pot-au-feu).

ZUTATEN

Für 2 Portionen
Entenbrust

2 Entenbrusthälften
à ca. 200 g
1 TL Öl
⅛ l Rotwein
1 EL Crème fraîche
Salz, Pfeffer

Paprikaschoten

500 g Paprikaschoten
1 Schalotte
1 TL Butter
6 EL Geflügelbrühe
Salz

Herzoginkartoffeln

375 g Kartoffeln
1 Eigelb
3 TL Butter (15 g)
1 Msp Muskat
Salz

Garniervorschlag:
½ TL eingelegter grüner oder roter Pfeffer

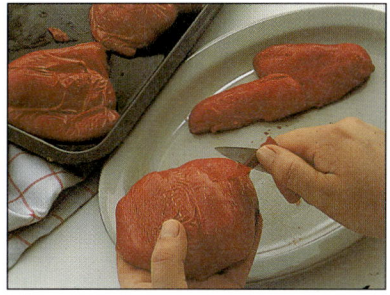

1. Paprikaschoten mit der Haut-seite nach oben auf ein Backblech legen. Bei 225 Grad 5-7 Minuten anrösten, abkühlen lassen, häuten.

2. Das Fruchtfleisch der Paprika-schoten zuerst in Streifen, dann in kleine Rauten schneiden.

3. Vor dem Servieren Schalotten-würfel in heißer Butter andünsten. Paprikarauten und Brühe zugeben, unter Schwenken erhitzen, salzen.

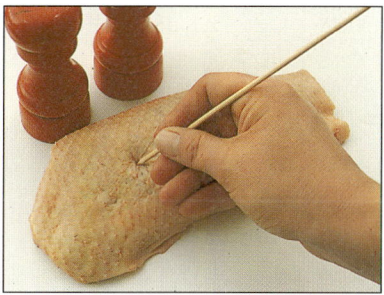

4. Trockengetupfte Entenbrust-haut einstechen, salzen, pfeffern. In heißem Öl von jeder Seite 2 Mi-nuten bei mittlerer Hitze anbraten.

5. Dann bei geringer Hitze insgesamt 5 Minuten weiterbraten. Auf einen vorgewärmten Teller legen, 5 Minu-ten ruhen lassen. Einmal wenden. Bratensatz mit Rotwein ablöschen.

6. Kurz durchkochen, in einen klei-nen Topf seihen. Crème fraîche und Bratensaft vom Teller unter-rühren, aufkochen, abschmecken.

HERZOGINKARTOFFELN

1. Gekochte Kartoffeln abgießen und durch eine Kartoffelpresse drücken. Alternative: Im Topf zer-stampfen. Backofen auf 200 Grad vorheizen.

2. Eigelb, 2 TL weiche Butter, eine Prise Salz und Muskat unter die Kartoffelmasse rühren. Alles in einen Spritzbeutel füllen. Gegen die Hitze ein Tuch darumlegen.

3. Kartoffelmasse portionsweise auf ein gebuttertes Backblech spritzen. Die übrige Butter ge-schmolzen darüberträufeln. In 10-15 Minuten goldbraun backen.

Meine Tips und Tricks

— Weinempfehlung: Ein trockener Rotwein, Spätbur-gunder oder Hermitage.

— Die rosa gebratene Entenbrust ist sehr saftig und delikat im Geschmack. Sie wird vor dem Servieren quer zur Fleischfaser schräg aufgeschnitten. Am besten geeignet: Junge, aus Frankreich importierte Barbarie-Enten oder mit Körnern gefütterte junge weibliche Freiland- oder Flugenten. Sie sind zarter, saftiger und haben weniger Fett als Frühmastenten.

— Wichtig bei der Zubereitung ist die Ruhezeit. Da-bei muß die Entenbrust mehrfach gewendet werden, damit sich der Fleischsaft im Innern gut und gleich-mäßig verteilt. Der Fleischsaft, der sich dabei auf dem Teller bildet, ist für die Sauce als geschmackliche Ab-rundung unerläßlich.

— Paprika und Herzoginkartoffeln weglassen, Enten-brust auf frisch gedünstetem Weißkraut anrichten.

— Eine geschmacksintensive Sauce entsteht, wenn die Hälfte des Rotweins durch Enten- oder Geflügel-brühe ersetzt wird. Mit etwas Stärkemehl, z. B. Arrowroot (Pfeilwurzelmehl), sämig binden und zu-sätzlich mit einem Tropfen feinaromatischen Essig sowie einem Spritzer Portwein abschmecken.

— Feinschmecker-Beilage: Pommes rondes. Herzo-ginkartoffelmasse mit nur 10 g Butter und ohne Ei zu-bereiten. Eine Möhre mit einem Sparschäler längs in dünne Scheiben schneiden, zusammen mit einigen Lauchblättern kurz blanchieren. Gut trockentupfen, nebeneinander ausbreiten und etwas Kartoffelmasse daraufgeben. Vorsichtig wie eine Roulade aufrollen, einige Minuten im Backofen, oder kurz in der Mikro-welle erhitzen und zum Servieren in Scheiben schnei-den.

Enten-Pot-au-feu

VORBEREITUNG

1. Entenknochen mit einem großen Messer leicht einschlagen und grob zerteilen, damit das Mark beim Kochen herausziehen kann.
Die Haut an den Keulenenden etwas von den Knochen lösen.
2. Möhren, Kartoffeln und weiße Rübchen schälen. Schalen von Möhren und Rübchen zum Auskochen beiseite legen. Das Gemüse in Form schnitzen oder würfeln.
3. Wurzelansatz und dunkles Grün vom Lauch abschneiden, ebenfalls beiseite legen. Lauch erst kurz vor dem Garen in feine Streifen schneiden.
4. Stielansätze und Spitzen von den Bohnen abbrechen.
5. Schnittlauch in Röllchen schneiden und mit ca. ¼ TL Salz und etwas Pfeffer vermischen. Zum Würzen der Brühe beiseite stellen.

EINKAUF

1 Ente

Eine magere, frische weibliche Ente verlangen. Vom Geflügelhändler zerteilen (Brusthälften und Keulen ablösen) lassen. Knochen und Innereien mitgeben lassen.

6-8 mittelgroße Möhren

Junge Möhren, die im Frühsommer angeboten werden, sind besonders zart. Sonst Möhren mit frischem Grün kaufen.

6-8 Kartoffeln

Sorte: Fest- oder vorwiegend festkochende Kartoffeln. Kleine, runde Kartoffeln aussuchen, die nicht zerteilt werden müssen.

5 weiße Rübchen

Feste, knackige weiße Rübchen (Teltower Rübchen oder Navets). Alternative: Eine halbe Sellerieknolle.

3 kleine Lauchstangen

Jungen, sehr zarten Lauch verlangen.

100 g grüne Bohnen

Beste Wahl: Dünne, sehr zarte Kenia- oder Prinzeßbohnen.

Schnittlauch

ZUTATEN
Für 4 Portionen

1 Ente (ca. 2 kg)	
1l Wasser	
250 g Kartoffeln	
400 g Möhren	
5 weiße Rübchen (250 g)	
200 g Lauch	
100 g grüne Bohnen	
½ Bund Schnittlauch	
Salz, Pfeffer	

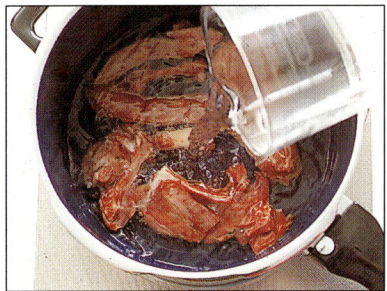

1. Knochen und Innereien (außer Leber) der Ente mit 1 l Wasser in einen Schnellkochtopf geben. Gemüseschalen und dunkelgrüne Lauchblätter zufügen, aufkochen.

2. Den aufsteigenden Schaum immer wieder abschöpfen. Die Entenkeulen in den Siebeinsatz des Topfes legen.

3. Einsatz in den Topf stellen. Unter Druck 10 Minuten garen. Von der Kochstelle nehmen und den Topf vorsichtig öffnen. Einsatz mit Entenkeulen herausnehmen.

4. Die Brühe durch ein Sieb in eine Schüssel gießen. Knochen und ausgelaugte Gemüseschalen wegwerfen. Schnellkochtopf mit kaltem Wasser ausspülen.

5. Kartoffeln, Möhren, Rübchen und die heiße Brühe in den Topf geben. Entenbrüste zu den Keulen legen, Einsatz in den Topf stellen. Unter Druck 3-4 Minuten garen.

6. Öffnen, Einsatz entnehmen. Lauch und Bohnen 3 Minuten in der Brühe garen, abschmecken (Würzmischung). Entenfleisch in der Brühe erwärmen.

Meine Tips und Tricks

— Weinempfehlung: Ein roter Burgunder oder ein deutscher Spätburgunder.
— Pot au feu wird im Original-Rezept mit Fleisch (Ochsenbein) zubereitet; es gehört in Frankreich zu den beliebtesten Gerichten.
— Am besten geeignet sind fleischige, mit Körnern gefütterte weibliche Freiland- oder Flugenten. Sie sind zarter, saftiger und fettärmer als Frühmastenten.
— Die Brühe erhält ihren kräftigen Geschmack durch das Auskochen der Entenknochen (in der Fachsprache Karkassen genannt), während die Keulen und die zarte Brust schonend und kurz gegart werden.

— Entenkeulen und -brust kommen erst kurz vor dem Servieren mit der Brühe in Berührung, wenn sie erwärmt werden. Sie können also nicht auslaugen und behalten ihren Eigengeschmack.
— Sollte die Brühe fettig sein, einfach die obenschwimmende Fettschicht vorsichtig mit einer kleinen Suppenkelle abschöpfen. Weiteres Fett mit saugfähigem Küchenpapier aufsaugen.
— Alternativen zur Ente sind fleischige Maispoularden sowie zartes Fleisch von Ziegen- oder Rehkitz.

Fleisch

Kalbsleber mit Cassis-Sauce

GERÄTE

Kochtopf
Pfanne
Litermaß
Sieb
Bratenwender
Schneebesen
evtl. kleiner Kugelaus-
stecher

ZEIT

Vorbereitung:
ca. 5 Minuten

Zubereitung:
ca. 10 Minuten

NÄHRWERT

pro Portion

Kalorien (kcal):	510
Joule (kJ):	2140
Eiweiß (g):	33
Fett (g):	26
Kohlenhydrate (g):	22

VORBEREITUNG

Apfel schälen, entkernen
und fein würfeln (evtl. kleine Kugeln ausstechen
wie auf dem großen
Foto). Fruchtfleisch in
wenig Zitronenwasser
legen, damit es nicht
braun wird. Erst beim
Anrichten in die Sauce
geben.
Arbeitsablauf: Wenn eine
Beilage zur Kalbsleber
serviert wird, diese
immer zuerst zubereiten
und warm stellen. In der
Zwischenzeit Rotwein
und Saft einkochen las-
sen und die Leber braten.

EINKAUF

*1 großes Stück Kalbs-
leber*

Kalbsleber ist eine sehr
zarte und feine Leber.
Sie hat einen hohen Ei-
weiß- und Mineralstoff-
gehalt. Ein möglichst
längliches, etwa 4 cm
dickes, sehnenfreies
Stück verlangen.

1 mittelgroßer Apfel

Vorzugsweise eine
säuerliche Apfelsorte,
z. B. Boskop oder Cox
Orange, kaufen.

1 Zitrone

Rotwein

Beste Wahl: Ein trocke-
ner Rotwein, denn der
Cassissaft ist meist
etwas süßlich.

*Schwarzer
Johannisbeersaft*

Das französische Wort
für die schwarze Johan-
nisbeere ist Cassis. Aus
Frankreich kommen
auch die besten Cassis-
säfte.

ZUTATEN

Für 2 Portionen

0,1 l Rotwein

0,1 l Cassissaft

350 g Kalbsleber

45 g kalte Butter

1 Apfel (150 g)

½ Zitrone

Salz

Garniervorschlag:
Zwei Eßlöffel schwarze
Johannisbeeren in die
Sauce geben

1. Rotwein und Cassissaft in einen Topf gießen und etwa auf die Hälfte der Menge einkochen lassen.

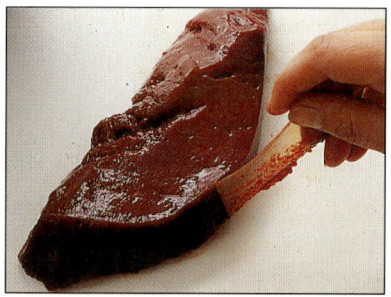

2. Die hauchdünne Haut ganz vorsichtig von der Leber abziehen. Die Leber dabei nicht verletzen.

3. Bei mittlerer Hitze 20 g Butter schmelzen lassen, Leber hineinlegen und ½ Minute anbraten.

4. Wenden, bei geringer Hitze von jeder Seite 2 Minuten weiterbraten. Dann 2 Minuten auf einem vorgewärmten Teller ruhen lassen. Leber einmal wenden.

5. Bratensatz der Leber mit der eingekochten Rotwein-Cassis-Mischung ablöschen. Kurz durchkochen und in einen kleinen Topf seihen.

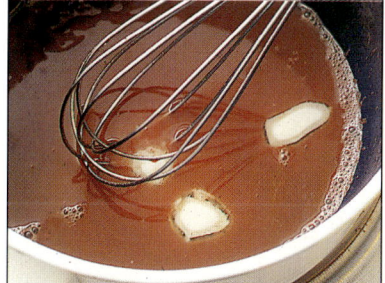

6. Flöckchenweise die kalte Butter unter die Sauce rühren. Mit einer Prise Salz abschmecken. Leber in ½ cm dünne Scheiben schneiden.

APFELRÖSTI

1. Zwei große geschälte, gewaschene Kartoffeln und zwei geschälte, entkernte Äpfel grob raspeln (grobe Seite einer Allzweckreibe).

2. Kartoffel- und Apfelraspel mischen. 1 TL Butterschmalz in einer Pfanne erhitzen. Hälfte der Raspel hineinschütten, mit einem Löffel etwas zusammendrücken.

3. Von jeder Seite knusprig braun braten, Pfanne dabei auf der Kochplatte hin- und herrütteln. Leicht salzen. Warm stellen. Übrige Raspel braten.

Meine Tips und Tricks

— Weinempfehlung: Ein Rotwein, z. B. ein Trollinger aus Württemberg, oder ein Dôle aus der Schweiz (Wallis).
— Besonders raffiniert wird die Cassis-Sauce, wenn sie mit etwas Johannisbeerlikör (Crème de Cassis) abgeschmeckt und vor dem Servieren schaumig aufgemixt wird.
— Ohne Sauce schmeckt die rosa gebratene Kalbsleber auch zu einem frischen Salat.
— Garnitur-Alternativen: Achtel von frischen Feigen oder kurz in wenig Butter angeschwenkte Pilze.
— Die Apfelkugeln werden weicher, wenn man sie kurz in zwei bis drei Eßlöffel Calvados (Apfelbranntwein) dünstet.

— Sehr gut passen zur Kalbsleber als Beilage ein leichtes Kartoffelpüree oder die oben beschriebenen Apfelrösti.
— Alternative: Gemüserösti. Zwei Kartoffeln, eine Möhre und ein Stück Sellerie schälen und waschen; eine kleine Stange Lauch putzen und waschen. Kartoffeln, Möhre und Sellerie grob raspeln, Lauch in feine Streifen schneiden. Alles mischen und leicht salzen. Gemüsemenge in zwei Portionen wie die Apfelrösti von jeder Seite knusprig braun braten. Auf Küchenpapier legen, damit überschüssiges Fett aufgesaugt wird.

Kalbsnierenragout mit Brokkoli und Mandeln

GERÄTE

Kochtopf
2 Pfannen (davon 1 klei-
ne, ersatzweise 1 kleiner
Kochtopf)
Palette (dünnes, abge-
rundetes Pfannenmesser)
oder
Bratenwender
Schaumkelle
Schöpfkelle

ZEIT

Vorbereitung:
ca. 15 Minuten

Zubereitung:
ca. 25 Minuten

NÄHRWERT

pro Person

Kalorien (kcal):	640
Joule (kJ):	2690
Eiweiß (g):	29
Fett (g):	37
Kohlenhydrate (g):	15

VORBEREITUNG

Schalotten fein würfeln.
Brokkoliröschen von den
Stielen schneiden. Dicke
Stiele schälen und in
mundgerechte Stücke
teilen. Röschen und Stie-
le sollten etwa die gleiche
Größe haben, damit sie
in der gleichen Zeit gar werden. Die Mandelblättchen
können schon angeröstet
werden.
Arbeitsablauf: Zuerst das
Ragout zubereiten. 1 l
Wasser mit ½ TL Salz in
einem Topf aufkochen.
Brokkoli hineinschütten
und während der Garzeit
die Butter zerlassen.

EINKAUF

1 – 2 kleine Kalbsnieren

Beste Wahl: Ganz fri-
sche Kalbsnieren. Da
nicht täglich Kälber
geschlachtet werden,
den Metzger am besten
einige Tage vorher
fragen, wann es frische
Kalbsnieren gibt. Ältere
Kalbsnieren haben
kein glattes, glän-
zendes Fleisch mehr;
außerdem riechen sie
unangenehm.

2 Schalotten

Brokkoli (ca. 400 g)

Brokkoli (Spargelkohl) ist
ein blumenkohlähnliches
Gemüse mit grünen
oder purpurfarbenen
Knospen. Auf feste,
knackige Stiele und ge-
schlossene Knospen
achten. Geöffnete oder
gelbe Knospen und welke
Stiele sind ein Zeichen
für schlechte Qualität.

1 Becher Crème fraîche

Crème fraîche gibt es
mit Fettgehalten zwi-
schen 30 und 40 Pro-
zent. Je höher der Fett-
gehalt, desto sahniger
ist der Geschmack.
Allerdings ist die
Crème dann auch kalo-
rienreicher.

Mandeln

Geschälte, süße Man-
deln kaufen. Am besten
schon fertig gehobelt.

ZUTATEN
Für 2 Portionen

Kalbsnierenragout

350 g Kalbsnieren

1 EL Butter (20 g)

2 Schalotten (60 g)

75 g Crème fraîche

Salz

Brokkoligemüse

400 g Brokkoli

*1 EL gehobelte Mandeln
(ca. 15 g)*

1 EL Butter (20 g)

ca. ½ TL Salz

1. Kalbsniere der Länge nach mit einem scharfen Messer halbieren.

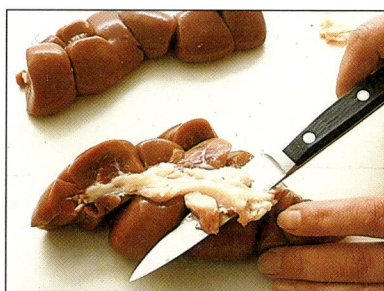

2. Das Fett sorgfältig herausschneiden. Je besser das Fett entfernt wird, desto zarter die Nieren. Nieren waschen, trockentupfen.

3. Die Nierenhälften quer in ca. 1 cm dicke Scheiben schneiden.

4. Bei mittlerer Hitze Butter zerlassen, Nierenscheiben darin unter Wenden eine Minute braten.

5. Leicht salzen, Schalottenwürfel dazuschütten, kurz mitdünsten. Dann Crème fraîche unterrühren.

6. Kurz durchkochen lassen und das fertige Nierenragout nochmals mit wenig Salz abschmecken.

BROKKOLI MIT MANDELN

1. Den Brokkoli in kochendes Salzwasser schütten, 1-2 Minuten kochen lassen, herausheben und auf einem Sieb abtropfen lassen.

2. Inzwischen die Mandelblättchen in einer leeren Pfanne leicht anrösten. Auf einen Teller schütten.

3. Butter in die Pfanne geben, kurz aufschäumen lassen, evtl. durch ein feines Sieb gießen. Über den Brokkoli träufeln.

Meine Tips und Tricks

— Weinempfehlung: Ein Chianti Classic oder ein kräftiger Rosé (z. B. von der Côte de Provence).

— Nieren haben einen ausgeprägten Eigengeschmack und gelten deshalb bei Feinschmeckern als ausgesprochene Delikatesse. Kalbsnieren sind, neben Lammnieren, von allen Sorten die zartesten.

— Ganz wichtig ist, daß das Fett der Nieren gründlich entfernt wird. Denn während der kurzen Garzeit kann es nicht vollständig zerlaufen; das Nierenfleisch wird dadurch schwammig und zäh. Nieren werden übrigens auch zäh, wenn man sie pfeffert.

— Ein weiterer wichtiger Punkt: Die Butter darf beim Anbraten der Nierenscheiben auf keinen Fall bräunen, weil die Sauce sonst gesprenkelt aussieht und auch geschmacklich an Klasse verliert.

— Das Brokkoligemüse wird noch feiner, wenn man nur die Röschen verwendet. Es eignet sich auch ausgezeichnet als Beilage zu Kalbsmedaillons oder Schweinelendchen.

— Variante zu den gerösteten Mandelblättchen: geröstete Semmelbrösel über den mit Butter beträufelten Brokkoli geben.

— Aus Brokkoliresten und dicken -stielen läßt sich eine sehr schmackhafte Suppe zubereiten: Eine gewürfelte Schalotte in einem Eßlöffel heißer Butter andünsten. Brokkoli (ca. 200 g) zugeben, je $\frac{1}{8}$ l Geflügelbrühe und süße Sahne aufgießen. Zugedeckt ca. 10-15 Minuten bei geringer Hitze garen. Pürieren, mit wenig Salz und Zitronensaft abschmecken.

— Kalorienarme Variante: Kalbsnieren, wie beschrieben, in Scheiben schneiden. Zwei Eßlöffel Olivenöl in einer Pfanne erhitzen, eine gewürfelte Schalotte darin andünsten. Nierenscheiben dazuschütten. Unter Wenden 1-2 Minuten braten. Mit einer Prise Salz und zwei Eßlöffel feingeschnittenem frischen Basilikum abschmecken.

Kalbsmedaillons mit Kräuterbuttersauce und Kurkumanudeln

GERÄTE

4 Kochplatten
3 Kochtöpfe
Pfanne
Litermaß
2 Schälchen
Palette oder
Bratenwender
Schneebesen
Zitronenpresse
Reibe (fein)

ZEIT

Vorbereitung:
ca. 20 Minuten

Zubereitung:
ca. 25 Minuten

NÄHRWERT

pro Portion

Kalorien (kcal):	960
Joule (kJ):	4030
Eiweiß (g):	44
Fett (g):	64
Kohlenhydrate (g):	40

VORBEREITUNG

Kalbsmedaillons mit
Basilikum-Tomaten:
1. Tomaten 3-4 Sekunden in kochendes Wasser tauchen, in kaltem Wasser abschrecken und die Haut abziehen.
2. Tomaten halbieren, entkernen und das Fruchtfleisch würfeln.
3. Basilikum kurz vor dem Servieren schneiden.

Kräuterbutter-Sauce:
1. Petersilie hacken.
2. Hälfte der Petersilie mit Butter, Zitronensaft, 1 Msp zerdrücktem Knoblauch und Salz vermischen. Beiseite stellen.

EINKAUF

4 Kalbsmedaillons

Kalbfleisch ist hellrosa, fettarm und leicht verdaulich. Vom Metzger vier etwa 80 g schwere Medaillons aus einem nicht zu großen Filet schneiden lassen. Größere Filets stammen von hochgemästeten Kälbern, deren Fleisch wäßrig schmecken kann.

6-8 feste Tomaten

Basilikum (frisch)

2 Bund glatte Petersilie

1 Zitrone

Knoblauch

¼ l süße Sahne

Butter

Nudeln

Sorte nach Wunsch. Eventuell die Nudeln selbst herstellen (siehe Rezept "Tagliatelle").

Kurkuma

Kurkuma (Gelbwurz) dient zugleich als Gewürz und als gelber Farbstoff. Gemahlen in Feinkost- oder indischen Spezialitätengeschäften erhältlich. Kurkuma ist eines der Gewürze, aus denen Curry gemischt wird.

ZUTATEN

Für 2 Portionen

Kalbsmedaillons mit
Basilikum-Tomaten

320 g Kalbsfilet

1 EL Öl

500 g Tomaten

8-10 Basilikumblätter

1 TL Olivenöl

Salz, Pfeffer

Kräuterbutter-Sauce

1½ Bund Petersilie

30 g weiche Butter

½ Zitrone

1 Msp Knoblauch

¼ l süße Sahne

Salz

Kurkumanudeln

¾ l Wasser

1 EL Öl

1 Msp Kurkuma

75 g Nudeln

10 g Butter

Salz

Garniervorschlag:
Basilikumblättchen

1. Für die Sauce Sahne in einen Topf geben und auf die Hälfte der Menge einkochen lassen.

2. Die vorbereitete Kräuterbutter unterrühren, Petersilie einstreuen und die Sauce abschmecken. Nicht mehr kochen lassen!

3. Bei mittlerer Hitze die Kalbsmedaillons in heißem Öl von jeder Seite eine halbe Minute anbraten.

4. Bei geringer Hitze insgesamt 2 Minuten weiterbraten. Zwischendurch wenden. Salzen und pfeffern.

5. Das Olivenöl für die Basilikum-Tomaten erhitzen und die vorbereiteten Tomatenwürfel hineinschütten.

6. Unter hin- und herschwenken erhitzen. Mit Basilikum, wenig Salz und Pfeffer abschmecken.

KURKUMANUDELN

1. Wasser mit ½ TL Salz, 1 EL Öl und 1 Msp Kurkuma aufkochen lassen. Nudeln in das Kochwasser schütten.

2. Je nach Sorte 5-7 Minuten garen. Garprobe: Eine Nudel herausfischen. Sie soll Biß haben (al dente) und nicht teigig schmecken.

3. Nudeln in ein Sieb schütten, kalt abbrausen und abtropfen lassen. In Butter heißschwenken, leicht salzen.

Meine Tips und Tricks

— Weinempfehlung: Ein Gericht, das einen großen weißen Burgunder (z. B. Meursault) wert ist! Preiswerte Alternative: Ein deutscher Müller-Thurgau Kabinett (z. B. aus Baden).

— Verfeinern läßt sich die Sauce mit zwei Eßlöffel trockenem weißen Wermut (extra dry). Wermutweine sind stark alkoholhaltige Weine (15-18 %), die mit Wermutkraut aromatisiert werden. Die besten Sorten kommen aus Norditalien und Frankreich.

— Vor dem Servieren die Sauce kräftig durchrühren oder schaumig aufmixen.

— Die Basilikum-Tomaten zusätzlich mit ein bis zwei Tropfen Sherry-Essig, einer Messerspitze zerdrücktem Knoblauch oder mit Pesto, einer würzig-aromatischen, italienischen Kräutersauce würzen. Die Basilikum-Tomaten sind auch ideale Begleiter zu pochiertem oder gedämpftem Fischfilet.

Gedämpftes Schweinefilet mit Fenchel

GERÄTE

Schnellkochtopf
mit Siebeinsatz
Pfanne
Kochtopf
Litermaß
Sieb
Bratenwender
Schneebesen
Schaumkelle
Zitronenpresse
Küchenpinsel

ZEIT

Vorbereitung:
ca. 20 Minuten

Zubereitung:
ca. 20 Minuten,
ohne Schnellkochtopf
ca. 45 Minuten

NÄHRWERT

pro Portion

Kalorien (kcal):	670
Joule (kJ):	2860
Eiweiß (g):	42
Fett (g):	38
Kohlenhydrate (g):	25

VORBEREITUNG

1. Suppengemüse gründlich mit kaltem Wasser säubern und fein würfeln.
2. Mit $\frac{1}{8}$ l Wasser im Schnellkochtopf aufkochen lassen.
3. Grob zerdrückte Pfefferkörner, $\frac{1}{2}$ Lorbeerblatt und eine Prise Salz zugeben. Topf verschließen.
4. Auf der Schnellkochstufe 5 Minuten garen.
5. Topf öffnen, Brühe durch ein Sieb gießen. Ausgelaugtes Gemüse wegwerfen. Topf säubern.
6. Zwiebel fein würfeln.
7. Wurzelansatz und Stiele von den Fenchelknollen abschneiden. Fenchelgrün zum Garnieren beiseite legen.
8. Schnellkochtopf mit Butter ausstreichen. Arbeitsablauf: Gemüsebrühe am Vortag zubereiten. Gemüse und Fleisch warm stellen, während die Sauce zubereitet wird. Fleisch erst aufschneiden, wenn die Sauce fertig ist.

EINKAUF

2 kleine Schweinefilets

Schweinefilet ist von allen Fleischfilets das preiswerteste. Filets vom Metzger parieren lassen (d. h., dünne Häutchen und Sehnen, die das Filet umschließen, entfernen lassen).

1 Bund Suppengemüse

Das Suppengemüse wird für die Zubereitung der Gemüsebrühe benötigt. Je eine Möhre, Lauchstange, Petersilienwurzel und ein Stück Sellerieknolle kaufen.

2 kleine Fenchelknollen

Gemüsefenchel hat einen leicht süßlichen, anisartigen, doch herzhaften Geschmack. Frische, knackige Knollen aussuchen.

Zwiebel

1 Zitrone

Thymian

Hocharomatisches, zartbitteres Küchenkraut aus Südeuropa.

Majoran

Beide Kräuter, Thymian sowie Majoran, gibt's frisch als Bund oder in kleinen Töpfen zu kaufen.

Lorbeerblatt

Süße Sahne

Pfefferkörner

ZUTATEN

Für 2 Portionen

1 Bund Suppengemüse

$\frac{1}{8}$ l Wasser

5 Pfefferkörner

$\frac{1}{2}$ kleines Lorbeerblatt

1 TL Butter (10 g)

1 Zwiebel

1 Zitrone

500 g Fenchelknolle

360 g Schweinefilet

1 TL Öl

2 Zweige Thymian

2 Zweige Majoran

0,1 l süße Sahne

Salz

Garniervorschlag:
Etwas Fenchelgrün

1. Zwiebelwürfel und 1 EL Zitronensaft in den Topf geben. Fenchelknollen darauflegen, leicht salzen.

2. 0,1 l Gemüsebrühe angießen. Topf verschließen. Auf der Biostufe 8 Minuten garen. Inzwischen die Schweinefilets kurz rundherum in heißem Öl anbraten.

3. Aus der Pfanne nehmen und in den Siebeinsatz des Topfes legen. Je einen Zweig Thymian auf ein Filet drücken.

4. Topf öffnen, Einsatz mit dem Fleisch über den Fenchel stellen. Weitere 2 Minuten (Biostufe) garen. Einsatz entnehmen, Majoran auf das Filet drücken.

5. Fenchel abtropfen lassen, warm stellen und kurz vor dem Servieren in Viertel oder Achtel zerteilen. Dünstfond in einen kleinen Topf seihen. Aufkochen.

6. Sahne zugießen und etwas einkochen lassen. Die Sauce mit einer Prise Salz und einigen Tropfen Zitronensaft abschmecken.

MARINIERTER FENCHEL

1. Eine gehackte Schalotte mit 3 EL Essig, einer zerdrückten Knoblauchzehe, etwas Salz und 6 EL Öl zu einer Marinade verrühren, abschmecken.

2. Den Fenchel in einem Siebeinsatz über $1/8$ l Gemüsebrühe ca. 12 Minuten auf der Biostufe dämpfen. Herausnehmen, in Scheiben schneiden.

3. Fenchelscheiben übereinanderschichten, dabei jede Schicht mit Marinade beträufeln. Etwa 2 Stunden durchziehen lassen, ab und zu wenden.

Meine Tips und Tricks

— Weinempfehlung: Ein Gutedel Kabinett aus Südbaden. Oder, als exklusive Alternative, einen Schweizer Weißwein vom Genfer See (z. B. Dezaley).
— Veredeln läßt sich dieses Gericht, wenn man anstelle von Schweinefilet Kalbsfilet verwendet. Die zartesten sind die Filets vom etwa vier bis sechs Wochen alten Milchkalb.
— Größere Filets (insgesamt etwa 500 g schwer) dämpft man rosa, indem man Fenchel und Filet zusammen gart. Filet zuerst kurz anbraten und dann zusammen mit dem Fenchel in den Topf geben. Auf der Biostufe 12 Minuten garen.

— Den Fleischsaft, der beim Aufschneiden der Filets austritt, vor dem Servieren über die angerichteten Fleischscheiben träufeln.
— Noch sättigender wird das Gericht durch Beilagen wie Spätzle, Kartoffelschnee (gedämpfte, durch eine Kartoffelpresse gedrückte Kartoffeln) oder Reis.
— Der Fenchel paßt auch zu Kalbsmedaillons, pochiertem oder gedämpftem Fischfilet.

Spanferkelkoteletts auf Rosenkohl

GERÄTE
Pfanne
Kochtopf
Sieb
Bratenwender

ZEIT
Vorbereitung:
ca. 15 Minuten
Zubereitung:
ca. 15 Minuten,

NÄHRWERT
pro Portion
Kalorien (kcal):   420
Joule (kJ):   1760
Eiweiß (g):   44
Fett (g):   22
Kohlenhydrate (g):   8

VORBEREITUNG
Äußere schadhafte Blätter von den Rosenkohlröschen entfernen. Schalotte fein würfeln. Das Auseinanderblättern der Rosenkohlröschen (Phasenfoto) kann auch während der Vorbereitung erfolgen.
Eine Schüssel mit kaltem Wasser zum Abschrecken der Rosenkohlblätter nach dem Blanchieren bereitstellen. Eventuell einige Eiswürfel zufügen. Arbeitsablauf: Rosenkohl auseinanderblättern, blanchieren und dünsten. Dann die Koteletts braten.

EINKAUF

4 kleine Schweine-
koteletts à ca. 100 g
Beste Wahl: Spanferkelkoteletts, sie sind besonders zart. Alternative: Koteletts vom Jungschwein.

10 Stück Rosenkohl
Auch Sprossen- oder Brabanter Kohl genannt. Gut zu wissen: Rosenkohl wird durch Frosteinwirkung zarter und leichter verdaulich. Außerdem verliert er etwas den strengen Kohlgeschmack.

Schalotte
Kleine, aromatische Würzzwiebelsorte, die besonders schnell gart.

Geflügelbrühe
Beste Wahl: Selbst zubereitete Geflügelbrühe (Prinzip siehe Zubereitung vom Enten-pot-au-feu). Es gibt aber auch fertige Brühe und Geflügelfond in guter Qualität zu kaufen.

ZUTATEN
Für 2 Portionen

10 Stück Rosenkohl
1 EL Butter
1 Schalotte
2 EL Geflügelbrühe
4 Spanferkelkoteletts
1 EL Öl
Salz
Pfeffer

Garniervorschlag:
Nach Belieben frische Thymianblättchen auf das Fleisch streuen.

1. Die einzelnen Blattschichten nach und nach von den Rosenkohlröschen vorsichtig abblättern. Dabei die einzelnen Blättchen möglichst wenig beschädigen.

2. Die Rosenkohlblätter in kochendes Salzwasser schütten, einmal kurz aufwallen lassen und in eiskaltem Wasser abschrecken. Auf ein Sieb zum Abtropfen geben.

3. Die Butter zerlassen und die Schalottenwürfel darin andünsten. Die Rosenkohlblätter zufügen, die Geflügelbrühe angießen und alles zugedeckt 1-2 Minuten dünsten.

4. Die Spanferkelkoteletts leicht mit frisch gemahlenem Pfeffer würzen. 1 EL Öl in einer Pfanne erhitzen und die Koteletts hineinlegen.

5. Etwa eine halbe Minute anbraten, dann wenden und eine halbe Minute weiterbraten. Leicht salzen.

6. Die Rosenkohlblätter auf Tellern anrichten und die gebratenen Spanferkelkoteletts darauf anrichten. Mit dem Rosenkohlfond beträufeln.

MÖHREN-WIRSING-GEMÜSE

1. Je 250 g geputzten Wirsing und geschälte Möhren in feine Streifen schneiden und in einen Dämpfeinsatz geben.

2. $\frac{1}{8}$ l Gemüsebrühe aufkochen, Stiele von einem Bund Petersilie dazugeben und den Dämpfeinsatz in den Topf stellen.

3. Zugedeckt ca. 5-8 Minuten lang dämpfen (Dampfdrucktopf ca. 2 Minuten). Gemüse entnehmen, Dünstfond zur Hälfte einkochen, abschmecken.

Meine Tips und Tricks

— Weinempfehlung: Dazu paßt ein junger Rotwein aus dem Piemont.
— Dieses vergleichsweise einfache Gericht gewinnt durch seine Schlichtheit, durch seine klaren, unverfälschten Zutaten. Wichtig ist vor allem deren Frische. Das gilt insbesondere für den Rosenkohl, der leicht welk wird.
— Rosenkohlblätter abtropfen lassen und warm stellen. Den Dünstfond mit 2 EL Crème fraîche oder Crème double verrühren und etwa zur Hälfte einkochen lassen. Diese Sauce mit einigen Tropfen Zitronensaft abschmecken.

— Beim Braten der Koteletts einen Zweig Thymian mit in die Pfanne legen. Dadurch werden die zarten Fleischstücke ganz leicht aromatisiert.
— Statt Rosenkohl die Spanferkelkoteletts mit einem Möhren-Wirsing-Gemüse servieren. Als weitere Beilage eignen sich beispielsweise gedämpfte Kartoffeln.

Gebeiztes Rinderfilet auf Alfalfasprossen

GERÄTE

Pfanne
3 Kochtöpfe
2 Schüsseln
Litermaß
Sieb
Bratenwender

ZEIT

Vorbereitung:
ca. 10 Minuten

Marinierzeit:
2 Tage

Zubereitung:
ca. 30 Minuten

NÄHRWERT

pro Portion

Kalorien (kcal):	500
Joule (kJ):	2100
Eiweiß (g):	39
Fett (g):	23
Kohlenhydrate (g):	5

VORBEREITUNG

1. Zwiebel fein würfeln.
2. Geschälte Möhre ebenfalls fein würfeln.
3. Ungeschälte Knoblauchzehe und Pfefferkörner mit einem Messerrücken zerdrücken.
Arbeitsablauf: Wegen der langen Marinierzeit das Rinderfilet zwei Tage vorher einlegen. Während das gebratene Rinderfilet in der Aluminiumfolie ruht die Alfalfasprossen zubereiten.

EINKAUF

Rinderfilet

Vom Metzger möglichst ein etwa 8 cm langes Mittelstück vom Filet verlangen. Gut abgehangenes, stumpfrotes Fleisch kaufen, leuchtend rotes Fleisch ist zu frisch. Sichtbares Fett, Häutchen und Sehnen, die das Filet umschließen, gleich entfernen lassen.

Alfalfasprossen

Alfalfasprossen (Luzerne) sind sehr vitaminhaltig, zart und knackig frisch. Da sie selten verlangt werden, am besten beim Gemüsehändler vorbestellen. Oder selbst ziehen. Samen dafür gibt es in Bio- und Naturkostläden.

Zwiebel
1 kleine Möhre
Thymian

Beste Wahl: Frischer Thymian mit kleinen, zartbitteren Blättchen.

Lorbeerblatt
Knoblauch
Gewürznelke

Gibt's getrocknet in Tüten, Gläsern oder Dosen.

Rotwein (trocken)
Pfefferkörner

ZUTATEN

Für 2 Portionen

Rinderfilet

1 Zwiebel (30 g)
1 Möhre (75 g)
3 Pfefferkörner
1 Gewürznelke
¼ l Rotwein
½ Lorbeerblatt
1 Zweig Thymian
1 Knoblauchzehe
400 g Rinderfilet
1 TL Butter
1 EL Öl
Salz, Pfeffer

Alfalfasprossen

1 EL Butter (20 g)
50 g Alfalfasprossen

Garniervorschlag:
Etwas frischer Thymian und Estragon.

1. Zwiebel- und Möhrenwürfel, Pfeffer, Nelke und Rotwein mischen. Lorbeer, Thymian und Knoblauchzehe zugeben.

2. Das Filet in die Marinade legen, abgedeckt 2 Tage im Kühlschrank marinieren. Ab und zu wenden.

3. Fleisch aus der Marinade nehmen, gut trockentupfen. Marinade durch ein Sieb gießen, Flüssigkeit in einer Schüssel dabei auffangen.

4. Gemüse und Gewürze aus dem Sieb in heißer Butter anrösten, Marinade aufgießen. Auf ⅓ der Menge einkochen, in einen kleinen Topf seihen, Reste durchdrücken.

5. Das gebeizte Filet in heißem Öl rundherum anbraten. Insgesamt 10 Minuten bei geringer Hitze weiterbraten. Mehrmals wenden.

6. Filet aus der Pfanne nehmen, in Aluminiumfolie einschlagen und 3 Minuten ruhen lassen. Einmal wenden. Aufschneiden. Fleischsaft aus der Folie zur Sauce geben.

ALFALFASPROSSEN

1. Butter bei geringer Hitze in einem kleinen Topf schmelzen.

2. Alfalfasprossen in die aufschäumende Butter hineinschütten.

3. Kurz unter ständigem hin- und herschwenken des Topfes erhitzen.

Meine Tips und Tricks

— Weinempfehlung: Ein roter Mâcon oder ein deutscher Spätburgunder von der Ahr.

— Noch delikater schmeckt das Rinderfilet, wenn die Marinade zusätzlich mit frischem Estragon gewürzt wird.

— Den Pfiff geben die Alfalfasprossen diesem Rezept. Das sind die gekeimten Samen der Luzerne, die seit Jahrhunderten als Futterpflanze angebaut wird und die vom Orient über das Mittelmeergebiet nach Deutschland, Nord- und Südamerika (Alfalfa) kam. Man kann die Keimsprossen fertig kaufen, aber auch leicht selbst ziehen; sie wachsen schnell (drei bis fünf Tage). Pikante Geschmacksvariante: Nach dem Heißschwenken mit ungesalzener Sojasauce würzen.

— Alfalfasprossen werden gegessen, wenn sich kleine, grüne Blättchen gebildet haben. Von Gourmets als Königin aller Sprossenarten geschätzt, sind die Alfalfasprossen obendrein wahre Vitamin-C-Bomben. Geheimtip: Die Sprossen schmecken auch mit Müsli oder mit frischem Obstsalat.

— Gebeiztes Rinderfilet schmeckt auch mit anderem Gemüse, z. B. mit Spargel, Zuckerschoten oder Brokkoli.

— Weitere Beilagenmöglichkeiten: Herzoginkartoffeln, Baguette oder ein frischer Salat.

Lammkoteletts mit grünen Bohnen und Kartoffelgratin

EINKAUF

4 Lammkoteletts

Einzelne, keine doppelten Lammkoteletts vom Metzger schneiden lassen. Lammfleisch ist nicht immer vorrätig, also rechtzeitig vorbestellen.

1 Pfund Kartoffeln

Beste Sorte: Eine fest- oder vorwiegend festkochende Kartoffel, die beim Garen nicht zerfällt.

Knoblauch

300 g grüne Bohnen

Beste Wahl: Feine, dünne Kenia- oder Prinzeßbohnen. Sie sind sehr zart.

Thymian

Hocharomatisches, zartbitteres Küchenkraut aus Südeuropa. Frischer Thymian ist als Bund oder in kleinen Töpfen erhältlich.

Muskat

Ganze Muskatnüsse würzen frisch gerieben intensiver als gekauftes Muskatpulver.

¼ l süße Sahne

Weniger kalorienreich: Halb Sahne, halb Vollmilch.

ZUTATEN

Für 2 Portionen

Lammkoteletts

2 EL Öl

400 g Lammkoteletts

2 Zweige Thymian

Salz, Pfeffer

Kartoffelgratin

500 g Kartoffeln

1 Knoblauchzehe

1 TL Butter (5 g)

¼ l süße Sahne

1 Msp Muskat

Salz

Grüne Bohnen

300 g grüne Bohnen

1 EL Butter (20 g)

Salz

Garniervorschlag:
Etwas frischer Thymian

GERÄTE

Backofen
Pfanne
Kochtopf
Gratinform oder flache, feuerfeste Auflaufform
Litermaß
Sieb
Palette oder
Bratenwender

ZEIT

Vorbereitung:
ca. 15 Minuten

Zubereitung:
ca. 20 Minuten

NÄHRWERT

pro Portion

Kalorien (kcal):   1270
Joule (kJ):   5330
Eiweiß (g):   44
Fett (g):   91
Kohlenhydrate (g): 48

VORBEREITUNG

Kartoffelgratin:
1. Kartoffeln schälen und waschen. Bis zur Zubereitung mit kaltem Wasser bedecken, damit sie nicht grau werden.
2. Gratin- oder Auflaufform mit einer halbierten Knoblauchzehe ausreiben, mit Butter bestreichen und leicht mit Salz und Muskat ausstreuen.

Grüne Bohnen:
Bohnenenden abbrechen. Bohnen nach Belieben längs halbieren.
Arbeitsablauf: Zuerst das Gratin, dann die Bohnen zubereiten. Anschließend die Koteletts braten, zuletzt die Bohnen erhitzen.

1. Für das Gratin Kartoffeln in 1 mm dünne Scheiben schneiden, dachziegelartig in die Form schichten.

2. Den Backofen auf 200 Grad vorheizen. Die Sahne über die Kartoffeln gießen, auf der Kochstelle einmal kurz aufkochen lassen.

3. Auf den Boden des vorgeheizten Backofens stellen und in 10-15 Minuten goldbraun backen.

4. Das Öl in einer Pfanne erhitzen, die Lammkoteletts hineinlegen. Eine Minute anbraten, wenden.

5. Zweite Seite anbraten. Dann bei geringer Hitze insgesamt 2 Minuten weiterbraten. Beim Wenden leicht mit Salz und Pfeffer würzen.

6. Lammkoteletts auf vorgewärmte Teller geben, zum Aromatisieren je ½ Zweig Thymian auflegen.

GRÜNE BOHNEN

1. Prinzeßbohnen (300 g) gründlich in kaltem Salzwasser säubern. 1½ l Wasser mit 2 TL Salz in einem Topf aufkochen lassen.

2. Bohnen hineinschütten, 1 Minute sprudelnd kochen lassen. In kaltem Salzwasser abschrecken, in ein Sieb schütten, kalt abbrausen und abtropfen lassen.

3. Butter in einem Topf bei mittlerer Hitze schmelzen. Bohnen zugeben, unter hin- und herschwenken erhitzen. Leicht salzen.

Meine Tips und Tricks

— Weinempfehlung: Ein Rotwein auf jeden Fall. Gut geeignet: Ein italienischer Barolo aus Piemont. Oder ein roter Bordeaux (z. B. aus Margaux).
— Aromatisieren lassen sich die Lammkoteletts, wenn man zum Anbraten je einen getrockneten Zweig Thymian und Rosmarin mit in die Pfanne legt. Rosmarin ist mit seinem üppigen Aroma das ideale Würzkraut für Lammfleisch.
— Grüne Bohnen sind die klassische Beilage zu allen Lammgerichten. Wer den Bohnengeschmack intensivieren will, würzt mit frischem Bohnenkraut und Kerbel.
— Weitere passende Beilagen: Basilikum-Tomaten oder Blattspinat, gewürzt mit etwas Knoblauch, Salz und Muskat.

— Variante mit Tomatensauce: Eine geschälte Schalotte und eine zerdrückte Knoblauchzehe in etwas Olivenöl andünsten. Eine kleine Dose geschälte Tomaten dazuschütten und alles zugedeckt 10 Minuten dünsten. Mit wenig Salz und etwas feingeschnittenem Basilikum würzen. Angebratene Lammkoteletts darin erhitzen.
— Lammkoteletts, die einen etwas längeren Knochen haben, sehen nicht nur dekorativer aus. Wenn man sie bei einer Sommerparty auf dem Holzkohlengrill zubereitet, kann man den Knochen als "Griff" benutzen.

Lammrückenfilet mit Blattspinat im Blätterteigmantel

EINKAUF

2 Portionen
Lammrückenfilet

Beste Qualität: Lamm-sattel. Vom Metzger Knochen, Sehnen, Häut-chen und Fett entfernen und für die Sauce mitge-ben lassen (Knochen möglichst gehackt).

500 g Blattspinat

Der kleinblättrige, ge-schnittene Spinat hat am wenigsten Abfall. Wur-zelspinat mit größeren Blättern ist meist preis-werter, weil er in kleinen Büscheln geerntet wird. Frischen Spinat bald nach dem Einkauf verarbeiten, denn er verliert schnell Aroma und Nährstoffe (besonders Vitamin C).

1 mittelgroße Möhre
1 kleine reife Tomate
Schalotte

Kleine aromatische Ge-würzzwiebelsorte, die besonders schnell gart.

1 kleine Stange Lauch
1 Paket Blätterteig

Tiefgefrorenen Blätter-teig gibt es meist als Paket mit fünf Teig-platten. Man kann die Platten einzeln entneh-men und den Rest wie-der einfrieren.

1 Ei

ZUTATEN
Für 4 Portionen

400 g Lammrückenfilet
(2 Stücke)
1 EL Öl
500 g Blattspinat
4 Platten Blätterteig
(ca. 240 g)
1 EL Mehl zum
Ausrollen
1 Eigelb

Fleischsauce:

*Fleischabschnitte und
Knochen*
1 Möhre (75 g)
1 Schalotte (30 g)
1 Stange Lauch (125 g)
1 Tomate (80 g)
⅛ l Wasser
Salz, weißer Pfeffer

Garniervorschlag:
Kleine, in Form ge-schnitzte, blanchierte, halbierte Möhren mit Grün, Frühlingszwiebeln, eingelegter roter Pfeffer und Basilikumblättchen.

GERÄTE

Backofen
Schnellkochtopf
Pfanne
Kochtopf (klein)
Litermaß
Rührschüssel
2 Schälchen
Sieb
Bratenwender
Palette
Teigrolle
Küchenpinsel

ZEIT

Vorbereitung:
ca. 20 Minuten

Zubereitung:
ca. 30 Minuten,
ohne Schnellkochtopf
ca. 45 Minuten

NÄHRWERT
pro Portion

Kalorien (kcal):	540
Joule (kJ):	2270
Eiweiß (g):	24
Fett (g):	32
Kohlenhydrate (g):	28

VORBEREITUNG

1. Blattspinat verlesen, dicke Stiele entfernen. Spinat in kaltem Wasser waschen, bis der Sand völlig herausgespült ist. In leicht gesalzenem, kochendem Wasser eine halbe Minute kochen. In ein Sieb schütten, dann in eiskaltem Wasser ab-kühlen. Abtropfen lassen.
2. Möhre schälen und fein würfeln. Tomate achteln.
3. Schalotte würfeln. Wurzelansatz und dun-kelgrüne Blätter vom Lauch abschneiden. Lauch waschen und in feine Streifen schneiden.
4. Blätterteigscheiben nebeneinander 10-15 Mi-nuten auftauen lassen.
5. Backofen auf 250 Grad vorheizen. Arbeitsablauf: Zuerst die Sauce zubereiten. Wäh-rend die Sauce kocht, das Lammrückenfilet im Teigmantel zubereiten.

1. Lammfiletstücke in einer Pfanne mit heißem Öl rundherum bei mittlerer Hitze anbraten. Leicht salzen, pfeffern und abkühlen lassen.

2. Abgetropften Blattspinat in ein Küchentuch schütten. Gut ausdrücken, so daß er schön trocken ist. Vorsichtig auseinanderzupfen.

3. Zwei Blätterteigplatten zur doppelten Größe, zwei etwas kleiner ausrollen. Fleisch mit Spinatblättern umhüllen, Spinat andrücken.

4. Gut mit Spinat umhüllte Fleischstücke auf die kleineren Teigplatten setzen und die Teigränder mit etwas Wasser bepinseln.

5. Die größeren Teigscheiben darüberlegen, Ränder mit einer Gabel gut andrücken. Auf ein mit Wasser abgespültes Backblech legen, mit Eigelb bepinseln.

6. Im vorgeheizten Backofen (mittlere Schiene) in 12 Minuten goldbraun backen. Vorsichtig vom Blech lösen und zum Servieren in 2 cm dicke Scheiben schneiden.

FLEISCHSAUCE

1. Fleischabschnitte und zerhackte Knochen im Schnellkochtopf bei starker Hitze braun anrösten. Kleingeschnittene Möhre, Schalotte und Lauch kurz mitbräunen.

2. Tomatenachtel zugeben, $\frac{1}{8}$ l Wasser aufgießen und aufkochen lassen. Topf verschließen, bei geringer Hitze auf der Schnellkochstufe etwa 10 Minuten garen.

3. Topf drucklos machen, öffnen, Flüssigkeit durch ein Sieb in einen kleinen Topf gießen. Etwas einkochen lassen und mit wenig Salz und Pfeffer abschmecken.

Meine Tips und Tricks

— Weinempfehlung: Auf jeden Fall ein Rotwein besserer Klasse, z. B. ein Barolo oder ein Barbaresco aus Piemont.

— Man kann ganz einfach prüfen, ob das Fleisch im Teigmantel nach 12 Minuten rosa gebraten ist: Eine lange Nähnadel in die dickste Stelle (bis zur Mitte) einstechen und nach etwa 3 Sekunden wieder herausziehen. Nadelspitze an die Lippen führen; sie muß sich warm, aber nicht heiß anfühlen.

— Die Blattspinatfüllung schmeckt noch aromatischer, wenn man den auseinandergezupften Spinat mit einer Messerspitze frisch geriebenem Muskat und einer Prise Knoblauchgranulat bestreut.

— Die Sauce kann man auch mit etwas Speisestärke sämig binden. Mit wenig Minzgelee (gibt es in Feinkostgeschäften zu kaufen) und fünf feingeschnittenen frischen Pfefferminzblättchen abgeschmeckt erhält sie eine englische Note.

— Das Lammrückenfilet mit Blattspinat im Blätterteigmantel ist das Lieblingsgericht vieler Feinschmecker. Wer nicht auf Kalorien achten muß, kann die gleiche Menge auch für zwei Personen zubereiten. Dann ist es allerdings ein äußerst sättigendes Gericht.

— Beilagen sind nicht notwendig; denn das Gericht enthält Fleisch, Gemüse und Blätterteig. Wer mag, kann aber zusätzlich einen Salat dazu reichen.

Hasenrücken mit Preiselbeer-Pfeffer-Sauce und Spätzle

EINKAUF

1 Hasenrücken

Beste Zeit für Hasen:
Oktober bis Dezember.
Stallhasen (Kaninchen)
gibt es das ganze Jahr
über. Die beiden Filets
vom Hasenrücken beim
Wildhändler gleich ab-
lösen und die Haut ab-
ziehen lassen. Kleine
Filets von der Rippen-
innenseite (siehe "Meine
Tips und Tricks") und die
(möglichst gehackten)
Rückenknochen mit ein-
packen lassen.

Zwiebel
Knoblauch
Thymian (frisch)
1 kleines Glas
Wildpreiselbeeren

Wildpreiselbeeren gibt
es in Gläsern oder
manchmal auch tiefge-
froren. Frische Früchte
reifen August/Septem-
ber. Vorsicht: Preisel-
beerkonfitüre ist zu süß!

2 Eier
Mehl

Universalhaushaltsmehl,
Type 405. Das ist die
hellste Mehlsorte.

Speisestärke
Rotwein (trocken)
Pfefferkörner (schwarz)
Lorbeerblatt
Wacholderbeeren
Muskat
Eingelegter grüner Pfeffer

ZUTATEN
Für 2 Portionen
Hasenrücken

1 Hasenrücken (ca. 500 g)
1 EL Öl
1 Zwiebel (50 g)
4 schwarze Pfefferkörner
4 Wacholderbeeren
½ Lorbeerblatt
1 Zweig Thymian
1 Knoblauchzehe
¼ l Rotwein
1 TL Speisestärke (5 g)
1 EL grüner Pfeffer
1 EL Wildpreiselbeeren
1 TL Butter (10 g)
Salz, Pfeffer

Spätzle

100 g Mehl
2 Eier
1 EL Butter (20 g)
1 Prise Muskat
Salz

Garniervorschlag:
Etwas frischer Thymian
und einige Preiselbeeren.

VORBEREITUNG

1. Zwiebel fein würfeln.
2. Pfefferkörner, Wachol-
derbeeren und die unge-
schälte Knoblauchzehe
mit einem Messerrücken
zerdrücken.
3. Vom Rotwein 2 EL
abnehmen, mit Speise-
stärke verrühren, beiseite
stellen.
Arbeitsablauf: Zuerst die
Spätzle zubereiten, dann
die Sauce und das Ha-
senrückenfilet. Wenn das
Filet ruht, die Spätzle in
heißer Butter unter Hin-
und Herschwenken des
Topfes auf der Koch-
platte erhitzen und mit
Salz sowie einer Prise
Muskat würzen.

1. Für die Sauce die Hasen-knochen in heißem Öl braun rösten. Zwiebel, Pfeffer, Wachol-der, Lorbeer, Thymian und Knoblauch mitrösten.

2. Alles mit Rotwein ablöschen, aufkochen lassen und ab-schäumen. Topf verschließen, alles 10 Minuten unter Druck garen.

3. Topf öffnen, Sauce durch ein Sieb in einen kleinen Topf gießen. Mit der angerührten Speisestärke binden, kurz durchkochen.

4. Die Sauce mit grünem Pfeffer, einer Prise Salz sowie den Preisel-beeren würzen und abschmecken.

5. Die Hasenrückenfilets bei mitt-lerer Hitze rundherum in heißer Butter 2 Minuten lang anbraten. Leicht mit Salz und Pfeffer würzen.

6. Filets auf einen vorgewärmten Teller legen, 2 Minuten ruhen las-sen. Einmal wenden. Bratensaft vom Teller zur Sauce geben.

SPÄTZLE

1. Mehl, Eier und eine Prise Salz miteinander verkneten. Den zäh-fließenden Teig so lange schlagen, bis sich kleine Luftbläschen bilden.

2. Etwas Teig dünn auf ein mit Wasser angefeuchtetes Brettchen streichen, eine Sekunde lang in kochendes Salzwasser tauchen. Dann dünne Teigstreifen vom Brettchen abschaben.

3. Etwa 2 Minuten kochen lassen. Spätzle mit einer Schaumkelle herausheben, in ein Sieb geben, kalt abbrausen, abtropfen lassen.

Meine Tips und Tricks

— Weinempfehlung: Ein Gericht, das eines großen Rotweins (Burgund, Bordeaux oder Piemont) wür-dig ist!
— Die Spätzle zum Servieren unter Schwenken in heißer Butter erhitzen, mit wenig Salz und frisch geriebenem Muskat abschmecken. Sie schmecken auch als Beilage zu Kalbsmedaillons und anderen Gerichten mit Sauce.
— Die Filets können — wie auf dem großen Foto — längs oder quer in Scheiben geschnitten werden.

— Ein zarter Junghasenrücken eignet sich am besten für dieses Gericht. Eine besondere Delika-tesse sind die kleinen Filets, die unter den Rippen des Hasen sitzen. Kurz in heißer Butter geschwenkt, schätzen Kenner sie als Leckerbissen, der auf der Zunge zergeht.
— Eine köstliche Beilage zum Hasenrückenfilet sind Apfelspalten, die kurz mit einem heißen Sud aus zwei Eßlöffel Calvados (Apfelbranntwein) und einem Eßlöf-fel Zucker überglänzt werden.

Dessert

Schneeklößchen mit Fruchtpürees

EINKAUF

2 Kiwis

Reife, aber nicht zu weiche Kiwis kaufen. Sehr Vitamin-C-haltige exotische Früchte.

1 Schälchen Himbeeren

Bei den Portionsschälchen sind die Blütenkelche der Himbeeren schon entfernt. Bei selbstgepflückten Früchten muß das noch gemacht werden. Saison: Juni, Juli und September. Ersatzweise tiefgefrorene Himbeeren kaufen. 30 Minuten vor dem Pürieren antauen.

1 Dose Aprikosen,
ca. 440 g Fruchteinwaage

Alternative: Fertiges Aprikosenpüree im Glas. Oder frische Aprikosen. Hauptsaison Juni bis August. Seltener von Dezember bis Januar. Einkaufsmenge: Acht Früchte.

3 Eier
1 l Vollmilch
Zucker

Haushaltszucker, extrafeine Raffinade. Alternative: Puderzucker. Löst sich schneller auf.

1 Vanillestange

Beste Wahl: In Glasröhrchen aromageschützt verpackte Bourbon-Vanille. Ersatzweise ein Päckchen Vanillezucker.

ZUTATEN

Für 4 Portionen

3 Eiweiß
90 g Zucker
1 Vanillestange
1 l Milch
½ Dose Aprikosen
(250 g)
200 g Kiwis
125 g Himbeeren

GERÄTE

Ein möglichst breiter Kochtopf (ca. 22 cm Durchmesser am Topfrand) mit Deckel
Handrührgerät mit Rührbesen und Pürierstab
Litermaß
Rührschüssel
3 Schälchen
Sieb
Palette
Schaumkelle
Spritzbeutel mit Lochtülle (ca. 1 ½ cm Durchmesser)

ZEIT

<u>Vorbereitung:</u>
ca. 10 Minuten

<u>Zubereitung:</u>
ca. 20 Minuten

NÄHRWERT

pro Portion

Kalorien (kcal):	200
Joule (kJ):	840
Eiweiß (g):	5
Fett (g):	+
Kohlenhydrate (g):	44

VORBEREITUNG

1. Aprikosen in einem Sieb abtropfen lassen. Später etwas Saft unter das Püree mischen. Früchte grob zerkleinern. Frische Aprikosen 3–4 Sekunden in kochendes Wasser tauchen, in kaltem Wasser abkühlen und die Haut abziehen. Früchte halbieren und entkernen.
2. Kiwis dünn schälen und grob zerkleinern.
3. Himbeeren sortieren, nicht waschen!
4. Eiweiß und Eigelb trennen. Eigelb z. B. für andere Desserts, Saucen oder Rührei aufbewahren.
5. Ein Stück Pergamentpapier mit Wasser anfeuchten, um die Schneeklößchen daraufzuspritzen; so können sie nicht festkleben. Für mehrere Personen die Schneeklöße in zwei oder drei Partien garen.

1. Für die Schneeklößchen das Eiweiß steif schlagen, dabei langsam den Zucker einrieseln lassen.

2. In einen Spritzbeutel mit Lochtülle geben und auf das angefeuchtete Pergamentpapier spritzen.

3. Die Vanillestange längs halbieren. Eine Hälfte mit der Milch in einem breiten Topf aufkochen.

4. Den Topf von der Kochplatte nehmen und Schneeklößchen vorsichtig auf die heiße, keinesfalls mehr kochende Milch setzen.

5. Zugedeckt 5-6 Minuten ohne Hitzezufuhr garziehen lassen. Topf in dieser Zeit nicht öffnen! Klößchen mit einer Schaumkelle aus der Milch heben, abtropfen lassen.

6. Aprikosen, Kiwis und Himbeeren getrennt voneinander pürieren. Himbeerpüree durch ein feines Sieb streichen, nach Geschmack mit Puderzucker süßen.

VANILLECREME

1. Das Mark aus der gekochten und ungekochten Vanillestange herausschaben. Zusammen mit den Stangen und $\frac{1}{2}$ l Milch aufkochen lassen. Vier Blatt Gelatine in kaltem Wasser einweichen.

2. 3 Eigelb und 150 g Zucker schaumig rühren. Vanillestange aus der Milch fischen. Heiße Milch nach und nach unter die Eischaummasse rühren. Wichtig: Heiße Milch langsam zufügen, sonst gerinnt das Eigelb.

3. Gelatine gut ausdrücken und in der heißen Creme auflösen. Kühl stellen. Sobald die Creme anfängt festzuwerden, $\frac{1}{4}$ l steifgeschlagene Sahne unterheben. In Dessertschalen füllen, kühl stellen.

Meine Tips und Tricks

— Die beste Himbeersorte sind die kleinen aromaintensiven Waldhimbeeren. Es lohnt sich, in der Saison selbst danach zu suchen.

— Die Früchte für die Pürees lassen sich je nach Jahreszeit und Saison beliebig variieren. Gut geeignet sind: Erdbeeren, Brombeeren, Pfirsiche, Mangos, Papayas, Feigen.

— Etwas flüssiger Süßstoff und ein paar Tropfen Obstbranntwein machen die Pürees noch fruchtiger.

— Der Hauch von Vanillegeschmack, den die Klößchen durch das Pochieren in Vanillemilch bekommen, ist ein raffinierter Kontrast zu den Fruchtaromen.

— Ungekochte Vanillestangenhälfte in ein Gefäß mit Zucker stecken, gut verschließen und öfter schütteln. Dadurch wird der Zucker aromatisiert.

— Übrige Vanillemilch zur oben beschriebenen Creme verarbeiten. Alternative: Vanillemilch mit einem Schuß Sahne, frischen Früchten (oder Fruchtpürees) mixen und mit wenigen Tropfen Süßstoff sowie Zitronensaft abschmecken.

Zwei Sorbets auf einem Sabayon mit Zitronenmelisse

132

GERÄTE

Gefriergerät
Handrührgerät mit Rührbesen und Pürierstab
oder Mixer
2 Kochtöpfe (1 kleiner)
oder 1 Wasserbadtopf
(Simmertopf)
Haarsieb

ZEIT

Vorbereitung:
ca. 15 Minuten

Zubereitung:
ca. 1 Stunde,
davon 45 Minuten
reine Gefrierzeit

NÄHRWERT

pro Portion

Kalorien (kcal):	140
Joule (kJ):	590
Eiweiß (g):	3
Fett (g):	3
Kohlenhydrate (g):	8

VORBEREITUNG

Sorbet:
1. Gewaschene Johannisbeeren mit einer Gabel von den Stielen streifen. Tiefgefrorene Früchte leicht antauen.
2. Kiwis dünn schälen. Grob würfeln.

Sabayon:
Eigelb und Eiweiß trennen. Eiweiß z. B. für Schneeklößchen aufbewahren. Einen Topf für das Wasserbad vorbereiten: So viel Wasser einfüllen, daß der hineingehängte Topf zur Hälfte im Wasser ist.
Arbeitsablauf: Die Sorbets können auch am Vortag zubereitet werden. Etwa 30 Minuten vor dem Servieren antauen lassen. Mit einem stumpfen Messer zerhacken und mit einem Pürierstab oder im Mixer zu einem geschmeidigen Sorbet verarbeiten.

EINKAUF

150 g rote Johannisbeeren

In manchen Gegenden auch unter dem Namen Ribiseln bekannt. Hauptangebotszeit: Juni bis September. Ersatzweise tiefgefrorene Johannisbeeren oder andere Früchte.

2 Kiwis

Das sehr Vitamin-C-haltige Fruchtfleisch der Kiwis ist blaß- bis kräftig grün und mit kleinen schwarzen, eßbaren Kernchen durchsetzt. Quer aufgeschnitten sieht die Kiwi wie eine gemalte Blume aus. Durch Importe fast ganzjährig erhältlich.

Zitronenmelisse

Als Bund oder in kleinen Töpfen erhältlich. Die zartgrünen, am Rand leicht gezahnten Blättchen haben einen zitronenähnlichen Geschmack. Dürfen nicht mitkochen!

1 Ei
Weißwein (trocken)
Süßstoff

Beste Wahl: Flüssiger Süßstoff, leichter zu dosieren. Vorteil: Keine Kalorien. Sorbet und Sabayon gelingen auch mit Zucker.

ZUTATEN

Für 4 Portionen
Sorbet

150 g rote Johannisbeeren
150 g Kiwis
10 EL Weißwein
ca. ½ TL flüssiger Süßstoff

Sabayon

¼ l Weißwein
1 Eigelb
ca. ½ TL flüssiger Süßstoff
10 Blättchen Zitronenmelisse

Garniervorschlag:
Zitronenmelisse oder, für Feinschmecker, glatte Marseiller Minze.

1. Früchte sortenweise mit einem Pürierstab oder im Mixer pürieren und durch ein feines Sieb streichen.

2. Jedes Püree mit 5 EL Weißwein und etwas Süßstoff abschmecken. Etwa 45 Minuten gefrieren lassen. Zwischendurch ab und zu umrühren, damit alles gleichmäßig gefriert.

3. Zum Servieren von dem nicht zu hart gefrorenen Sorbet mit einem angewärmten Löffel Portionen abschaben.

4. Für den Sabayon Weißwein aufkochen, etwas abkühlen lassen. Eigelb mit Süßstoff schaumig schlagen, durch ein Sieb zum Weißwein geben.

5. Den Topf in heißes, nicht kochendes Wasser hängen (Wasserbad) und alles langsam schaumig aufschlagen.

6. Zum dicklich aufgeschlagenen Sabayon einige Tropfen Weißwein geben. Zum Schluß die Zitronenmelisse fein schneiden und vorsichtig unterheben.

APFEL-MINZ-SORBET

1. 250 g geschälte, entkernte Äpfel in Stücke schneiden und mit Zitronensaft beträufeln, damit sie nicht braun werden.

2. Mit einem Pürierstab oder im Mixer zu einem feinen Brei pürieren. Mit flüssigem Süßstoff, 2 EL Apfelbranntwein und 6 feingeschnittenen Minzblättchen abschmecken.

3. Weitere Zubereitung wie oben, unter Punkt 2 beschrieben, unverändert. Sorbet auf frischen Erdbeerscheiben anrichten.

Meine Tips und Tricks

— Das Wort Sorbet wurde abgeleitet vom arabischen Scherbett, einem Eisgetränk aus Fruchtsäften. Sorbet soll wie nasser Schnee aussehen und nach dem Servieren langsam zu schmelzen beginnen.
— Fruchtsorbets kann man nicht nur mit Wein, sondern auch mit Sekt (Champagner) oder ein wenig Likör zubereiten.
— Serviertip: Einen Spritzbeutel mit Sterntülle 10 Minuten vor dem Servieren des Sorbets in das Gefriergerät legen. Geschmeidiges Sorbet hineinfüllen und in vorgekühlte Dessertschalen spritzen.

— Der lauwarme Sabayon, ein leichter Eier-Wein-Schaum, bildet den Kontrast bei diesem Dessert.
— Für den Sabayon trockenen und halbtrockenen Weißwein, halb und halb gemischt, verwenden. Das erhöht den Geschmacksgenuß.
— Durch das vorherige Aufkochen und Abkühlen des Weins gelingt der Sabayon besonders schön schaumig.

Apfel-Parfait
mit Holundersauce

EINKAUF

2 mittelgroße Äpfel

Äpfel mit glatter, fester Schale kaufen. Beste Sorten für dieses Rezept: Cox Orange, Ingrid Marie, Boskop oder Jonathan.

2 Zitronen
Holundersaft

Schwarzen Holundersaft (Fliederbeersaft) kaufen. Ist der Saft ungesüßt, kann man nach Geschmack etwas flüssigen Süßstoff zugeben. Holundersauce eventuell mit frischen Holunderbeeren zubereiten. Einkaufsmenge: Etwa 250 g Früchte. Alternative: Selber sammeln (August bis Mitte September).

½ l süße Sahne
3 Eier
Speisestärke

Die Speisestärke wird bei diesem Rezept zum sämigen Andicken der Sauce benötigt.

Zucker
Weinbrand oder Cognac

Da nur eine kleine Menge benötigt wird, reicht ein kleines Portionsfläschchen.

Weißwein (trocken)

Eventuell vorhandene Weinreste können hier gut verwendet werden.

ZUTATEN

Für 8 Portionen
Apfel-Parfait

400 g Äpfel
1 Zitrone
2 EL Weinbrand
1 Ei
2 Eigelb
80 g Zucker
0,4 l süße Sahne

Holundersauce

0,2 l Holundersaft
evtl. flüssiger Süßstoff
1 TL Speisestärke
2 EL Weißwein
1 Zitrone

Garniervorschlag:
Parfait auf mit Puderzucker bestäubten, frischen, grünen Blättchen anrichten. Eventuell einige frische Holunderbeeren in die Sauce geben.

GERÄTE

Gefriergerät
Handrührgerät mit Rührbesen
2 Kochtöpfe
Wasserbadtopf
(oder ein größerer Topf, in den man einen kleinen Topf hineinhängen kann)
Litermaß
2 Rührschüsseln
2 Schälchen
Sieb
Schneebesen
Teigschaber
Zitronenpresse
gefriergeeignete Form mit ca. 0,8 l Inhalt

ZEIT

Vorbereitung:
ca. 15 Minuten

Zubereitung:
ca. 20 Minuten

Gefrierzeit:
2 ½ bis 3 Stunden

NÄHRWERT

pro Portion

Kalorien (kcal):	280
Joule (kJ):	1180
Eiweiß (g):	4
Fett (g):	19
Kohlenhydrate (g):	20

VORBEREITUNG

1. Sahne in einer vorgekühlten Schüssel steifschlagen und bis zur Verwendung in den Kühlschrank stellen.
2. Vor Beginn der Zubereitung Äpfel schälen, vierteln und entkernen. Einen Apfel grob zerkleinern und einen fein würfeln. Mit Zitronensaft säuern, damit das Fruchtfleisch nicht braun wird.
Tip: Parfait und Sauce am Vortag zubereiten.

1. Gesäuerte Apfelstücke mit 2 EL Wasser in einen Topf geben. Zugedeckt 5 Minuten dünsten. Zerkochte Äpfel durch ein Sieb streichen und das Püree abkühlen lassen.

2. Die gesäuerten, feinen Apfelwürfel mit dem Weinbrand vermischen und einige Zeit durchziehen lassen.

3. Ei, Eigelb und Zucker in einem heißen, nicht kochenden Wasserbad (Simmertopf) bei mittlerer Hitze schaumig aufschlagen.

4. Eischaum unter Rühren abkühlen. Unter das Apfelpüree mischen. Marinierte Apfelwürfel unterheben.

5. Im Kühlschrank abkühlen lassen, dann die steifgeschlagene Sahne unter die kalte Apfel-Eier-Masse heben. Parfaitmasse in eine Form füllen und 2-3 Stunden gefrieren.

6. Form vor dem Stürzen etwa 4-5 Sekunden in heißes Wasser tauchen. Parfait stürzen und in Scheiben schneiden.

HOLUNDERSAFTSAUCE

1. Holundersaft in einem kleinen Topf aufkochen. Vorsichtig mit Süßstoff abschmecken.

2. Die Speisestärke mit dem Weißwein verrühren und den kochenden Holundersaft damit sämig binden.

3. Unter Rühren kurz aufkochen lassen. Mit wenig Zitronensaft abschmecken. Kalt servieren.

HOLUNDERBEERSAUCE

1. 250 g reife (blauschwarze) Holunderbeeren waschen. Mit einer Gabel von den Stielen streifen, in einen Topf geben und mit 0,1 l Wasser aufkochen. Zugedeckt bei geringer Hitze 10 Minuten garen.

2. Durch ein Tuch gießen, Reste gut ausdrücken. Saft mit wenig flüssigem Süßstoff abschmecken. Holundersaft erneut aufkochen und — wie bei der Holundersaftsauce beschrieben — mit Speisestärke binden.

3. Kurz durchkochen lassen. Die Holunderbeersauce mit Zitronensaft und — wenn vorhanden — mit Birnenschnaps abschmecken. Zum Schluß 2 EL frische Holunderbeeren in der Sauce erhitzen.

Meine Tips und Tricks

— Das Apfel-Parfait muß leicht auf der Zunge zergehen, deshalb sollte es nicht völlig hartgefroren serviert werden. Das Parfait etwa 10 Minuten vor dem Servieren aus dem Gefriergerät nehmen; dann hat es zum richtigen Zeitpunkt die gewünschte, sahnige Beschaffenheit.

— Parfait kann gut wieder eingefroren werden. Haltbarkeit im Gefriergerät etwa zwei bis drei Monate. Rechtzeitig vor dem Servieren aus dem Gefriergerät nehmen und im Kühlschrank antauen lassen.

— Normannische Variante: Die kleinen Apfelwürfel, die als "Einlage" in das Parfait kommen, werden anstelle von Weinbrand mit Calvados (Apfelbranntwein) mariniert.

— Eventuell übriggebliebene Sauce mit einem halben Liter Holundersaft auffüllen und daraus eine Suppe zubereiten: Mit 20 g angerührter Speisestärke binden, süß-sauer abschmecken und mit Schneeklößchen servieren.

Rumpflaumen mit Zitroneneis

GERÄTE

Gefriergerät
Schnellkochtopf
Kochtopf
Litermaß
Schälchen
Sieb
Schneebesen
evtl. Eiskugel-
portionierer

ZEIT

Vorbereitung:
ca. 5 Minuten

Zubereitung:
ca. 20 Minuten,
ohne Schnellkochtopf
ca. 35 Minuten

NÄHRWERT
pro Portion

Kalorien (kcal):	380
Joule (kJ):	1600
Eiweiß (g):	+
Fett (g):	+
Kohlenhydrate (g):	78

VORBEREITUNG

1. Wasser, Rum und Rot-
wein mischen.
2. Pflaumen entstielen
und gut waschen.
3. Zitroneneis portionie-
ren: Entweder mit einem
Eisportionierer Kugeln
formen oder das Eis in
Würfel schneiden.
Auf ein Brettchen oder
Tablett setzen und bis
zum Servieren ins Ge-
friergerät stellen.
Arbeitsablauf: Da die
Rumpflaumen kalt ser-
viert werden, die Zubereitung auf den Vortag oder
Vormittag legen.

EINKAUF

400 g Pflaumen

Wahlweise die dunkel-
blauen Pflaumen oder
Zwetschen (Zwetsch-
gen, Quetschen) kaufen.
Unterschied: Pflaumen
sind rundlicher, weicher
und haben eine etwas
ausgeprägtere Ein-
kerbung oder "Naht".
Zwetschen sind länglich,
an den Enden spitzer
und haben festeres
Fruchtfleisch mit einem
leicht lösbaren Kern.
Saison: Juli bis Mitte
Oktober.

1 Paket brauner Kandis

Kandis oder Kandis-
zucker besteht aus mehr
oder weniger großen Kri-
stallen. Brauner Kandis
hat einen leichten Kara-
melgeschmack. Ein klei-
nes Paket kaufen.

Rotwein (trocken)
Rum

Ein bis zwei Portions-
flaschen braunen Rum
(54 Prozent) kaufen.

Zimt

Zimt wird für dieses
Rezept in Stangenform
benötigt. Je dünner die
Stangen sind, desto fei-
ner ist das Gewürz.

1 Packung Zitroneneis

Variante: eine andere
Eissorte, z. B. Apfeleis
oder Vanilleeis.

ZUTATEN

Für 4 Portionen

400 g Pflaumen
200 g brauner Kandis
1 Zimtstange
0,1 l Wasser
0,1 l Rotwein
5 EL Rum
200 g Zitroneneis

Garniervorschlag:
Frische Minzblättchen;
servierfertigen Teller mit
Zimtpulver bestäuben.

1. Die Pflaumen so halbieren, daß der Kern jeweils in einer Fruchthälfte zurückbleibt.

2. Kandis, Zimt und Rum-Rot-wein-Mischung aufkochen. Pflaumen zugeben, zugedeckt 6-8 Minuten garen (Biostufe 2 Minuten).

3. Die Pflaumen in ein Sieb schütten und den Sud in einem kleinen Topf auffangen. Aufkochen lassen.

4. Kochsud der Pflaumen unter gelegentlichem Umrühren etwa 3-4 Minuten einkochen lassen.

5. Die Sauce soll sirupartig eingekocht werden. Zimtstange und Kerne aus den abgekühlten Pflaumen entfernen.

6. Die Pflaumenhälften in die heiße Sauce geben, auskühlen lassen. Mit dem Eis anrichten.

Meine Tips und Tricks

— Die Pflaumenkerne werden mitgekocht, weil dadurch der Geschmack der Kochflüssigkeit aromaintensiver wird. Man kann die Pflaumen auch ganz lassen. Dann sollte man die Früchte aber vor dem Kochen rundherum mit einer Gabel bis an den Kern einstechen.

— Die Rumpflaumen halten sich im Kühlschrank gut eine Woche. Es empfiehlt sich, eine größere Menge Rumpflaumen zuzubereiten. Die abgekühlten Früchte mit dem Sud portionsweise in Gefrierdosen füllen und einfrieren. Haltbarkeit etwa zwei bis drei Monate. Über Nacht im Kühlschrank auftauen lassen.

— Ein extravagantes Aroma bekommen die Pflaumen, wenn man einen Eßlöffel feingeschnittenen, kandierten Ingwer zugibt. Das sind in Zuckerlösung eingelegte und danach getrocknete Stücke vom Ingwer, einer tropischen Pflanzenwurzel. Ersatzweise kann man auch in Zuckersirup eingelegten Ingwer nehmen. Gibt's fertig in Feinkostgeschäften zu kaufen.

— Noch raffinierter schmecken die Rumpflaumen mit einer Ingwercreme (siehe nächstes Rezept).

— Anstelle von Eis kann man auch Vanillepudding, Grießpudding oder einfach nur steifgeschlagene Sahne dazu servieren.

Ingwercreme mit Früchten und Blätterteigecken

GERÄTE

Backofen
Handrührgerät mit Rühr-
besen und Pürierstab
2 Kochtöpfe (1 kleiner)
Haarsieb
Litermaß
Zitronenpresse
Reibe (fein)
Küchenpinsel
Teigschaber

ZEIT

Vorbereitung:
ca. 15 Minuten
Zubereitung:
ca. 30 Minuten

NÄHRWERT

pro Portion

Kalorien (kcal):	690
Joule (kJ):	2900
Eiweiß (g):	13
Fett (g):	43
Kohlenhydrate (g):	52

VORBEREITUNG

1. Eigelb und Eiweiß trennen (Eiweiß z. B. für
Schneeklößchen, siehe
Rezept, verwenden).
2. Gelatine in kaltem
Wasser einweichen.
3. Hälfte der Limetten-
schale abreiben. Eine halbe Limette auspressen.
4. Ingwer schälen und
ebenfalls fein reiben.
5. Sahne steifschlagen
und bis zur Verwendung
kühl stellen.
6. Kiwis dünn schälen,
eine Kiwi in Scheiben
schneiden, Rest würfeln.
7. Erdbeeren waschen,
putzen und halbieren.
Einen Topf für das Was-
serbad vorbereiten. So
viel Wasser einfüllen, daß
der hineingehängte Topf
zur Hälfte im Wasser ist.

EINKAUF

3 Kiwis

Fast ganzjährig erhält-
liche exotische Früchte.
Abfallarm, reich an Vit-
amin C. Kiwis sind reif,
wenn ihre rauhe, braune
Schale auf leichten Fin-
gerdruck nachgibt.

250 g Erdbeeren

Saison in Deutschland:
Ende Mai bis Juli.
Ersatzweise andere
Früchte nehmen.

1 Limette

Zitronenähnliche Zitrus-
frucht mit grüner Schale
und kernlosem Frucht-
fleisch. Alternative:
Zitrone. Unbehandelte
Früchte kaufen, denn der
chemische Belag von
gespritzten Früchten läßt
sich nicht abwaschen!

Ingwer

Tropische, bizarr geform-
te Wurzel mit stechend-
würzigem Geschmack.
Einfacher zu dosieren:
Ingwerpulver ($\frac{1}{2}$ TL
rechnen). In Gläsern
oder Tüten erhältlich.

4 Eier
Weißwein (trocken)
Weiße Blattgelatine
Blätterteig

Tiefgefrorene Blätterteigplatten. Meist als Paket
mit fünf Platten erhältlich
(Rest im Gefriergerät
aufbewahren).

$\frac{1}{8}$ l süße Sahne
Puderzucker

ZUTATEN

Für 2 Portionen

Ingwercreme

3 Eigelb
30 g Zucker
6 EL Weißwein
2 Blatt weiße Gelatine
1 Limette
1 Stück frischer Ingwer (ca. 5 g)
$\frac{1}{8}$ l süße Sahne

Früchte

3 Kiwis
250 g Erdbeeren
1 TL Puderzucker (5 g)

Blätterteigecken

1 Platte tiefgefrorener Blätterteig (60 g)
1 Eigelb

Garniervorschlag:
Einige frische Minzblätt-
chen; Blütenansatz der
Erdbeeren dranlassen.

1. Eigelb, Zucker und Weißwein in einem heißen, nicht kochendem Wasserbad schaumig aufschlagen.

2. Die ausgedrückte Gelatine zugeben und in der warmen Eischaummasse unter Rühren auflösen.

3. Mit 2 EL Limettensaft, 1 Msp Limettenschale und ¼ TL frisch geriebenem Ingwer abschmecken.

4. Unter Rühren abkühlen lassen. So bald die Creme beginnt fest zu werden, die geschlagene Sahne vorsichtig unterheben.

5. Mindestens 15 Minuten kühl stellen. Vor dem Servieren dann mit einem Eßlöffel kleine Portionen abstechen.

6. Kiwiwürfel und Hälfte der Erdbeeren voneinander getrennt pürieren. Durch ein feines Sieb streichen (Kerne bleiben zurück).

BLÄTTERTEIGECKEN

1. Blätterteig in 5-10 Minuten auftauen lassen. Backofen auf 200 Grad vorheizen. Backblech mit kaltem Wasser abspülen.

2. Blätterteigscheibe halbieren, Hälften schräg in Dreiecke teilen. Ein Eigelb verquirlen und die Blätterteigdreiecke damit bepinseln.

3. Auf das Backblech setzen und 10 bis 15 Minuten backen. Vorsichtig vom Backblech lösen und wie ein Brötchen aufschneiden.

Meine Tips und Tricks

— Ein Genuß sind die kleinen, besonders aromatisch-lieblichen Walderdbeeren. Allerdings selten im Angebot.
— Die Fruchtpürees kann man jeweils mit ein bis zwei Eßlöffel Orangenlikör abschmecken.
— Das dekorative Anrichten (großes Foto) bedarf keiner künstlerischen Fähigkeiten. Man gibt je einen Klecks der beiden Fruchtpürees auf den Teller und zieht mit einem Löffelstiel eine Spur, so daß sich Grün und Rot miteinander verbinden. Und als Kontrast richtet man die Erdbeeren auf dem Kiwipüree und die Kiwis auf dem Erdbeerpüree an. Auf das Unterteil der ausgekühlten Blätterteigecke gibt man die portionierte Ingwercreme und setzt das Oberteil darauf. Zum Schluß wird alles mit wenig Puderzucker bestäubt.

— Erfrischende Mixgetränk-Variante: Zwei Eßlöffel Ingwercreme mit ⅛ l Vollmilch im Mixer aufschlagen.
— Dieses Dessert eignet sich nicht nur als krönender Abschluß eines Menüs. Auch als sommerlichen Imbiß, zum Beispiel zum Kaffee, kann man es servieren. Eine Kuchengabel und ein Teelöffel sind das passende Besteck dafür. Ingwercreme und Früchte schmecken auch ohne Blätterteigecken sehr gut.

Geeister Joghurt mit Rhabarberkompott

GERÄTE

Gefriergerät
Handrührgerät mit Rühr
besen
2 Kochtöpfe (für
Rhabarber einen
emaillierten Topf)
Litermaß
Rührschüssel
2 Schälchen
Sieb
Schneebesen
2 Portionsförmchen
(ca. $\frac{1}{8}$ l Inhalt oder
2 leere Joghurtbecher)
Schöpfkelle

ZEIT

Vorbereitung:
ca. 5 Minuten

Zubereitung:
ca. 50 Minuten,
davon 30 Minuten
reine Gefrierzeit

NÄHRWERT
pro Portion

Kalorien (kcal):	600
Joule (kJ):	2520
Eiweiß (g):	6
Fett (g):	17
Kohlenhydrate (g):	107

EINKAUF

250 g Rhabarber

Beste Wahl: Himbeer-rhabarber. Er hat rote Stangen mit grünem Ende und schmeckt relativ mild. Die durch und durch roten Stangen vom sogenannten Blutrhabarber sind etwas herber. Hauptangebotszeit: Juni/Juli. Knackige Stangen ohne grüne Blätter kaufen. Gut zu wissen: Rhabarber enthält Oxalsäure, die Metall angreift. Zum Kochen deshalb besser einen emaillierten Topf nehmen.

1 Zitrone

1 Becher Joghurt

Fettarmen Joghurt kaufen. Bei Vollmilch- oder Sahnejoghurt erhöht sich der Fett- und Kaloriengehalt. Kalorienbewußte Alternative: Die doppelte Menge Joghurt nehmen, die Sahne weglassen.

1 Becher süße Sahne
1 Glas Aprikosen-konfitüre

Variante: Nach Geschmack eine andere Konfitürensorte wählen.

Weiße Blattgelatine

Bei roter Konfitüre rote Blattgelatine nehmen. Dann wird der Joghurt rosa.

Zucker

ZUTATEN

Für 2 Portionen
Geeister Joghurt

100 g Joghurt
100 g Aprikosenkonfitüre
1 Zitrone
1 TL Zucker (10 g)
2 Blatt weiße Gelatine
0,1 l süße Sahne

Rhabarberkompott

250 g Rhabarber
¼ l Wasser
125 g Zucker

Garniervorschlag:
Frische Minzblättchen.

VORBEREITUNG

Gelatine in kaltem Wasser einweichen. Wenig Wasser in einem Topf erwärmen, um die Gelatine darin aufzulösen (Phasenfoto 2). Portionsförmchen für den Joghurt vorkühlen. Arbeitsablauf: Kompott zubereiten und abkühlen lassen. Joghurtmasse fertig zubereiten und in den Kühlschrank stellen. Beides kann am Vortag erledigt werden. 30 Minuten vor dem Servieren im Gefriergerät "eisen" (anfrieren).

1. Joghurt, Aprikosenkonfitüre, 2 EL Zitronensaft und Zucker verrühren. Durch ein Sieb streichen.

2. Gelatine gut ausdrücken und in einer Kelle im vorbereiteten, warmen Wasserbad auflösen.

3. Zunächst 1-2 EL der Joghurtmasse unter die flüssige Gelatine rühren, um die Temperatur auszugleichen.

4. Diesen lauwarmen Gelatinejoghurt unter die übrige Joghurtmasse rühren, so gerinnt die Gelatine nicht.

5. Die Sahne in einer vorgekühlten Schüssel halbsteif schlagen. Vorsichtig, sobald die Joghurtmasse beginnt festzuwerden, unterziehen.

6. Joghurtmasse in kalte Portionsförmchen füllen. 30 Minuten anfrieren lassen. Zum Servieren stürzen.

RHABARBERKOMPOTT

1. Die dünne Haut der Rhabarberstangen vorsichtig abziehen. Wasser und Zucker in einem Topf aufkochen lassen.

2. Den Rhabarber in 5-6 cm lange Stücke, dann in dünne Scheiben und in feine Streifen schneiden.

3. Aufgekochtes Zuckerwasser von der Kochplatte nehmen, die Rhabarberstreifen zugeben, abkühlen lassen.

RHABARBERCREME

1. Zwei Blatt rote Gelatine in kaltem Wasser einweichen. Wie oben beschrieben (Phasenfoto 2) auflösen.

2. Flüssige Gelatine nach und nach mit 250 g kaltem Rhabarberkompott vermischen (Phasenfoto 3 und 4).

3. ¼ l Sahne steif schlagen, vorsichtig unter das langsam festwerdende Kompott heben. Kühl stellen.

Meine Tips und Tricks

— Geeister Joghurt sollte nicht völlig durchgefroren und hart serviert werden.
— Vor dem Stürzen taucht man die Förmchen 4-5 Sekunden in heißes Wasser, dann gleitet der geeiste Joghurt besser heraus.
— Für dieses Rezept sollte man keine frischen Aprikosen verwenden, denn sie schmecken oft etwas mehlig. Außerdem ist die Zubereitung mit Konfitüre einfacher.
— Nimmt man eine rote Konfitürensorte, empfiehlt sich auch ein anderes Obst für das Kompott, denn Rhabarber hat einen ähnlichen Farbton.

— Zu einem mit Himbeerkonfitüre zubereiteten Joghurt paßt beispielsweise farblich und vom Geschmack her ein Stachelbeerkompott. Profis schmecken das Kompott mit etwas Weißwein ab.
— Das Kompott kann man auch einfrieren. Lagerzeit etwa vier Monate. Es läßt sich also ohne weiteres eine größere Menge auf Vorrat zubereiten. Über Nacht im Kühlschrank auftauen lassen.
— Kleine Reste vom nicht geeisten Joghurt in einen Spritzbeutel mit Sterntülle füllen und auf kleine Mürbeteig- oder Biskuitbodentörtchen (gibt's fertig zu kaufen) dekorativ verteilen. Eventuell mit frischen Früchten (Erdbeeren, Himbeeren) verzieren und zum Kaffee servieren.

Birnen-Mousse mit Schokoladenschaum

EINKAUF

2 reife Birnen

Beste Wahl: Williams Christbirnen. Alternative: Bürgermeister-Birnen. Inlandsernte: September/Oktober. Importe fast ganzjährig. Variante: Eine kleine Dose Williams Christbirnen.

2 Zitronen

2 Eier

1 Becher süße Sahne

Vollmilch

Die Milch entfällt, wenn man sie bei der Zubereitung des Schokoladenschaums durch Sahne ersetzt, die eventuell bei der Birnen-Mousse übrigbleibt. Dann wird der Schokoladenschaum allerdings kalorienreicher.

Weiße Blattgelatine

Zucker

Einfacher Haushaltszucker, extrafeine Raffinade.

Kakao

Beste Wahl: Ungesüßtes Kakaopulver. Keinen Instant-Kakao (kalt lösliche Kakaomischung) verwenden, sonst wird der Schokoladenschaum für dieses Rezept zu süß.

ZUTATEN

Für 2 Portionen

Birnen-Mousse

250 g Birnen

2 Zitronen

75 g Zucker

2 Blatt weiße Gelatine

1 Eigelb

⅛ l süße Sahne

Schokoladenschaum

1 Eigelb

1 EL Zucker (15 g)

1 TL Kakao (5 g)

6 EL Milch oder Sahne

Garniervorschlag:
Birnen-Mousse-Klöße auf ganzen Birnenscheiben (aus der Birnenmitte geschnitten und entkernt) anrichten und mit Kakaopulver bestreuen.

GERÄTE

Handrührgerät mit Rührbesen
Kochtopf
Simmertopf (Wasserbadtopf) oder ein großer Topf, in den man einen kleineren hineinhängen kann
Litermaß
2 Rührschüsseln
Schälchen
Sieb
Zitronenpresse
Teigschaber

ZEIT

Vorbereitung:
ca. 10 Minuten

Zubereitung:
ca. 2 ½ Stunden, davon ca. 2 Stunden reine Kühlzeit

NÄHRWERT

pro Portion

Kalorien (kcal):	550
Joule (kJ):	2310
Eiweiß (g):	8
Fett (g):	28
Kohlenhydrate (g):	64

VORBEREITUNG

1. Gelatine in kaltem Wasser einweichen.
2. Birnen schälen, vierteln und entkernen. In grobe Stücke schneiden.
Arbeitsablauf: Zuerst die Birnen-Mousse zubereiten. Während sie im Kühlschrank fest wird, den Schokoladenschaum herstellen. Beides kann schon am Vortag zubereitet werden.

1. Die Birnenstücke in einen Topf geben, mit dem Saft von beiden Zitronen säuern und mit 2 EL Zucker süßen.

2. Zugedeckt 5 Minuten bei geringer Hitze dünsten. Durch ein Sieb streichen und die ausgedrückte Gelatine in dem heißen Birnenpüree auflösen.

3. Eigelb und 40 g Zucker in einer Schüssel schaumig schlagen, bis der Zucker gelöst ist.

4. Nach und nach das Birnenpüree unter ständigem Rühren mit dem Zuckerei mischen. Kühl stellen.

5. Inzwischen Sahne steif schlagen. Die Birnen-Eier-Masse beginnt zu gelieren, sobald man mit einem Teigschaber eine "Straße" ziehen kann.

6. Vorsichtig die Sahne unterheben, alles glattstreichen und etwa 2 Stunden in den Kühlschrank stellen.

SCHOKOLADENSCHAUM

1. Eigelb, Zucker, Kakao und Milch oder Sahne in einen Wasserbadtopf (Simmertopf) geben.

2. Bei mittlerer Hitze unter ständigem Rühren zu einer schaumigen Sauce aufschlagen.

3. Die Masse muß leicht dicklich werden. In eine Schüssel gießen und unter ständigem Rühren abkühlen lassen.

MOUSSE AU CHOCOLAT

1. 150 g Schokoladenkuvertüre (besonders reine Schokolade) grob zerstückeln und in einem kleinen Topf im Wasserbad schmelzen lassen.

2. Ein Ei mit 3 TL braunem Rum in einem Wasserbad zu einer dicklichen, schaumigen Masse aufschlagen. Aufgelöste Kuvertüre unter ständigem Rühren zufügen.

3. $\frac{1}{4}$ l süße Sahne steifschlagen. Geschmeidig gerührte Eier-Schokoladen-Masse zugeben und gleichmäßig unterheben. Mousse kühl stellen.

Meine Tips und Tricks

— Perfekt wird die Birnen-Mousse, wenn man das Püree mit zwei Eßlöffel Birnenschnaps aromatisiert.
— Den Schokoladenschaum während des Abkühlens und vor dem Servieren kräftig durchschlagen, damit er schön schaumig bleibt. Eine besondere Note bekommt er, wenn man ihn mit etwas Schokoladenlikör abschmeckt.

— Wer die Mousse so wie auf dem großen Foto servieren möchte, halbiert die Birne längs und schneidet von jeder Seite eine dünne Scheibe ab. Kerngehäuse mit einer Ausstechform entfernen. Fruchtfleisch mit Zitronensaft beträufeln, damit es nicht braun wird. Mit zwei in heißes Wasser getauchten Teelöffeln Mousse-Klöße formen.

Orangengratin

GERÄTE

Backofen
Handrührgerät mit
Rührbesen
2 Rührschüsseln
kleines Schälchen
Reibe (fein)
Küchenpinsel
Teigschaber
4 Portions-Gratinformen
(wie auf dem großen
Foto) oder eine entspre-
chend große, flache
feuerfeste Form

ZEIT

Vorbereitung:
ca. 15 Minuten

Zubereitung:
ca. 20 Minuten

NÄHRWERT
pro Portion

Kalorien (kcal):	370
Joule (kJ):	1550
Eiweiß (g):	12
Fett (g):	12
Kohlenhydrate (g):	46

VORBEREITUNG

1. Eigelb und Eiweiß von-
einander trennen und je-
weils in eine Rührschüs-
sel geben.
2. Puderzucker durch ein
Sieb streichen, damit er
nicht krümelig ist.
3. 40 g Puderzucker
mit 1 TL Vanillezucker
mischen.
4. Etwa ein Viertel der
Zitronenschale abreiben.
Tip: Reibe dazu mit Per-
gamentpapier umwik-
keln, damit die Schale
nicht auf der Reibe haf-
ten bleibt. Nach dem Ab-
reiben das Papier entfer-
nen und die Schale mit
einem Messerrücken
vom Papier abstreifen.
Arbeitsablauf: Orangen,
Quarkmasse (bis auf Ei-
schnee) und die Form
vorbereiten. Vor dem
Servieren Eischnee
schlagen und unter die
Quarkmasse heben.
Orangenfilets auf den
Quark legen und alles
überbacken.

EINKAUF

3 mittelgroße Orangen

Beste Wahl: Orangen
(Apfelsinen) ohne soge-
nannten "Nabel". Der
Nabel an der gegen-
überliegenden Seite des
Stielansatzes ist ein
Zeichen für eine kleine
Nebenfrucht, die sich
in der Orange gebildet
hat. Das Fruchtfleisch
dieser Orangen läßt sich
deshalb nicht in so
gleichmäßige, dekorative
Filets teilen. Farblich
besonders schön: Die
herb-aromatischen Blut-
orangen mit rotem
Fruchtfleisch.

1 Zitrone

Eine unbehandelte Zitro-
ne nehmen. Für dieses
Rezept wird die abgerie-
bene Schale benötigt.

1 Paket Sahnequark
2 Eier
Puderzucker
Vanillezucker

Beste Wahl: Echter Vanil-
lezucker. Ersatzweise den
künstlich hergestellten
Vanillinzucker nehmen.

Orangenlikör
Brauner Rum

Likör und Rum werden
nur in geringer Menge
für dieses Rezept benö-
tigt. Deshalb kleine
Portionsfläschchen kau-
fen oder eventuell vor-
handene Reste (auch
Weinbrand) verwenden.

ZUTATEN
Für 4 Portionen

3 Orangen (ca. 600 g)
3 EL Orangenlikör
250 g Sahnequark
2 Eier
90 g Puderzucker
1 TL Vanillezucker
1 Zitrone
1 EL Rum
1 TL Butter (10 g)

1. Von den Orangen die Schale sorgfältig, einschließlich der zähen weißen Innenhaut, abschälen.

2. Die einzelnen Fruchtfilets vorsichtig zwischen den Trennhäutchen herausschneiden. Filets mit Orangenlikör marinieren.

3. Quark, Eigelb, Zuckermischung, Zitronenschale und Rum miteinander glattrühren.

4. Eiweiß steif schlagen, dabei 50 g Puderzucker einrieseln lassen. Eischnee locker unter die Quarkmasse heben.

5. Backofen auf 250 Grad vorheizen. Gratinform mit zerlassener Butter einpinseln. Quarkmasse hineingeben, glattstreichen und mit abgetropften Orangenfilets belegen.

6. Auf der obersten Schiene des vorgeheizten Backofens unter ständigem Beobachten goldbraun überbacken.

QUARK-SAHNE-CREME

1. Drei Blatt weiße Gelatine in kaltem Wasser einweichen. Quarkmasse wie beim Orangengratin zubereiten. Ausgedrückte Gelatine in einer Kelle im Wasserbad auflösen.

2. 1-2 EL von der Quarkmasse mit der Gelatine verrühren. Unter ständigem Rühren zur Quarkmasse geben. Eiweiß und Puderzucker wie beim Orangengratin beschrieben steif schlagen.

3. Locker unter die Quarkmasse heben. ⅛ l süße Sahne steif schlagen, mit 2 TL Vanillezucker süßen und ebenfalls vorsichtig unter die Quarkcreme heben. Kühl stellen.

Meine Tips und Tricks

— Der raffinierte Abschluß: Vor dem Servieren das Orangengratin zusätzlich mit Orangenlikör beträufeln.
— Als geschmacklichen und farblichen Kontrast in die Mitte des Gratins eine Kugel grünes Pistazieneis setzen und einige gehackte Pistazien darüberstreuen.
— Man kann dieses Gratin auch mit Erdbeeren, Grapefruits, Weintrauben, Himbeeren oder Johannisbeeren zubereiten.
— Variationen: Ohne Früchte als Quarkgratin. Ohne Früchte und ohne Überbacken als feine Quarkcreme. Die Quarkmasse eignet sich übrigens auch als Füllung für Pfannkuchen, Crêpes oder Törtchen.

Tropischer Früchteteller

GERÄTE

Für dieses Rezept sind keine speziellen Geräte erforderlich, nur sehr scharfe Messer

ZEIT

Zubereitungszeit: ca. 20 Minuten

NÄHRWERT

pro Portion

Kalorien (kcal):	150
Joule (kJ):	630
Eiweiß (g):	3
Fett (g):	+
Kohlenhydrate (g):	40

VORBEREITUNG

Alle Früchte können für ein Menü rechtzeitig vorbereitet und, mit Frischhaltefolie abgedeckt, beiseite gestellt werden. Bis kurz vor dem Servieren kann man die Mango und die Papaya auch in den Kühlschrank stellen, denn beide Früchte schmecken gekühlt, aber nicht eiskalt, noch besser.

EINKAUF

1 kleine Baby-Ananas

Besonders kleine Ananassorte. Die Frucht ist reif, wenn sich ein Blatt leicht aus der Mitte der "Krone" herauszupfen läßt und das Fruchtfleisch unter der Schale auf sanften Druck nachgibt.

2 Feigen

Frische Feigen haben zartschmelzendes, aromatisches Fruchtfleisch, das mit kleinen eßbaren Kernchen durchsetzt ist. Feigen mit glatter violetter, gelber oder hellgrüner Schale kaufen.

1 Mango

Sehr saftige und aromatische exotische Frucht mit leicht abgeflachten Seiten und unterschiedlicher Farbe. Je nach Reifegrad von grün in gelb und rot übergehend. Mangos sind reif, wenn sie angenehm duften und unter der lederartigen Haut auf leichten Druck nachgeben.

1 Papaya

Papayas sind hocharomatische Früchte mit meist birnenähnlicher Form. Reife Früchte haben eine gelbliche, manchmal gelb gefleckte Schale und weiches, saftiges Fruchtfleisch.

Zitronenmelisse

ZUTATEN

Für 4 Portionen

1 Ananas (ca. 500 g)
2 Feigen (ca. 100 g)
1 Papaya (ca. 450 g)
1 Mango (ca. 300 g)

Garniervorschlag:
Fruchtstücke dekorativ auf einem großen Teller mit Zitronenmelisse anrichten.

1. Ananas längs halbieren, vierteln und achteln. Hartes Mittelstück abschneiden und wegwerfen. Fruchtfleisch von der Schale schneiden. In mundgerechte Stücke zerteilen.

2. Die Feigen vorsichtig waschen, sanft mit Küchenpapier abreiben und in Stücke schneiden (vierteln).

3. Papaya längs halbieren und die harten, nicht eßbaren Kerne mit einem Löffel herausschaben. Die Fruchthälften halbieren, vierteln und in kleine Stücke schneiden.

4. Die Mango wie auf dem Foto festhalten. Etwa 2 cm rechts und links vom Stielansatz der Frucht jeweils eine Scheibe abschneiden.

5. Fruchtfleisch vom harten Mittelstück herunter schneiden, würfeln. Fruchtfleisch der Scheiben diagonal bis zur Schale einschneiden.

6. Schale der Mangoscheiben von unten nach oben stülpen. Fruchtfleisch eventuell von der Schale abschneiden.

FRUCHTSALAT

1. In einem kleinen Topf je 4 EL Zucker und Wasser unter Rühren aufkochen. Abkühlen lassen.

2. Alle Früchte wie oben beschrieben vorbereiten, klein schneiden. Die Filets von 2 Orangen (siehe Rezept Orangengratin) und die Scheiben einer Banane untermischen.

3. Kalte Zuckerlösung kräftig mit Zitronen- oder Limettensaft abschmecken, über den Salat träufeln.

Meine Tips und Tricks

— Der tropische Früchteteller ist ein leichter, kalorienarmer Abschluß eines Menüs. Gedeckt werden dafür kleine Gabeln und Messer (Obstbesteck).
— Die Feigen ißt man entweder mit Schale, oder man schneidet das Fruchtfleisch aus der Schale heraus.
— Sehr dekorativ sieht es aus, wenn man die Früchte auf einem mit Puderzucker bestäubten Teller anrichtet und eventuell eine Kugel Eis (Maracuja, Vanille oder Zitrone) dazu serviert.

— Bereitet man die Früchte wie in der Rezeptvariation als Salat zu, kann man das Dressing noch mit etwas Orangenlikör aromatisieren.
— Exotischer wird das Dessert, wenn man zum Servieren dünne Späne von geraspelter Kokosnuß darüberstreut.
— Papayas schmecken fad, wenn sie noch nicht ganz reif sind. Trick: Etwas frisch gepreßter Zitronen-, Limetten- oder Orangensaft macht sie aromatischer.

Allgemeines Register